가짜 자존감 권하는 사회

우리 모두의 진짜 자존감을 찾는 심리학 공부

가짜 자존감

권하는 사회

김태형 지음

갈매나무

2부 누구의 자존감도 지켜주지 못하는 사회

3부 가짜 자존감 VS. 진짜 자존감

4부 진짜 자존감은 타인을 볼 줄 아는 것이다

지금 한국인은 왜 자존감에 집착하는가

국내에서 '자존감(self-esteem)'이 큰 화두로 떠오른 지 오래다. 자존감에 관한 책들이 연이어 베스트셀러가 되었고 이 열풍은 쉬이 가라앉지 않는 듯 보인다. 많은 사람들이 몇 년 전 베스트셀러가 되었던 《미움받을 용기》에서 이야기하는 것과 같이 타인의 인정에 목을 매지 않고 자신을 존중하는 방법을 찾아 헤매고 있다. 오늘날 한국인들이 자존감에 대한 책이나 강연회 등에 이토록 뜨거운 반응을 보이는 이유는 뭘까? 어째서 많은 사람들이 자존감 문제로 고민하고 힘들어 하는 것일까? 자존감 연구에 크게 기여한 심리학자 너새니얼 브랜든(Nathaniel Branden, 1930~2014)은 다음과 같이 말했다.

자존감의 수준은, 직장에서 일하는 방식과 사람들을 대하는 방식, 발전과 성취의 정도, 그리고 사적인 영역에서 보자면 사랑에 빠지는 대상, 배우자 · 자녀 · 친구와 소통하는 방식, 행복감의 정도 같은 삶의 모든 측면에서 중대한 결과를 초래한다.[1]

모든 문제의 원인을 자존감으로 환원할 수는 없을 것이다. 그러나 자존감이 중요하다는 사실에 대해서는 재론의 여지가 없으며, 인간에게 중요한 거의 모든 것에 큰 영향을 미친다는 사실은 분명하다.

자존감은 특히 대인 관계에 심대한 영향을 미친다. 요즘 한국인들이 특히 어려워하는 것이 바로 대인 관계이다. 이는 기본적으로 인간 존중의 문화가 실종된 상황, 혹은 타인으로부터 존중받기 힘들어진 현실에서 비롯된 문제다. 사람을 연봉이나 직업으로 평가하고 그 결과에 따라 차별하거나 공격하는 반인간적이고 병리적인 풍조가 현 사회에 만연하지 않은가. 이를테면 우리는 흔히 누군가를 처음 만나면 상대의 성격이나 도덕성이 아니라 직업(정확히 말하자면 상대방의 수입)부터 알고 싶어 한다. 그렇지만 초면부터 노골적으로 "연봉이 얼마예요?"라고 물어보기는 좀 민망한지라 이렇게 돌려 묻곤 한다.

"뭐 하는 분이세요?"

한국인들은 왜 상대의 직업부터 알고 싶어 할까? 그것을 파악하지 못하면 상대와의 관계를 어떻게 맺어야 할지 모르기 때문이다. 우리는 사람을 직업, 즉 돈으로 평가하고 그 결과에 따라 태도를 정하는 데 상당히 익숙해져 있다. 상대의 직업이 자기보다 더 잘 버는 것이면 다소 주눅 들어 위축되거나 상대와 친하게 지내서 손해 볼 일은 없으므로 친절하게 대한다. 그 반대 경우라면 어떨까? 자기도 모르게 우월감이 주는 은근한 쾌감에 취하기 쉽다. 이 정도까지는 아니더라도 상대를 꼿꼿한 자세로 대하며 친하게 지낸들 별로 유익할 게 없으므로 사무적으로 대하거나 서둘러 그 자리를 벗어나고 싶어 한다.

한마디로 한국인의 전형적인 대인 관계 방식은 상대를 돈으로 평가하는 데서 출발한다고 볼 수 있다. 그런데 그보다 더 큰 문제가 있다. 대부분이 이런 방식으로 사람을 대하고 관계를 맺으면서도 그것이 잘못되었다는 자각조차 못하는 한심한 상태라는 것이다.

*　*　*

이처럼 인간을 존중하지 않는 사회 풍조가 초래하는 심리적 문제를 극복하는 데 자존감이 도움이 될까? 그렇다. 자존감이 높은 사람은 스스로를 존중하기 때문에 타인과 상황에 대한 의존도가 낮다. 쉽게 말해 남들이 나를 무시하더라도 비교적 영향을 덜 받는다. 반면 자존감이 낮은 사람은 타인과 상황에 대한 의존도가 높다. 그만큼 남들이 자기를 무시하면 심리적으로 큰 영향을 받는다.

그러나 인간관계의 내용은 일방적이지 않으며 사람들 사이의 상호작용 과정에서 결정된다. 그 어떤 경우에도 한쪽에 의해서 관계가 결정되지 않는다. 따라서 누군가가 나를 함부로 대한다면 그것은 기본적으로 상대의 잘못이지만, 나에게도 일부 책임이 있다고 말할 수 있다. 다만 중요한 것은 그 반대의 경우도 성립된다는 사실이다. 상대가 어떤 사람이든 내가 전혀 주눅 들지 않고 당당하다면 그런 마음 역시 상대에게 전달된다. 인간 말종이 아닌 이상 상대는 나를 함부로 대하지 못할 것이고 나의 자존감 또한 손상되지 않는다.

하지만 우리는 상대의 사회적 지위에 따라 관계를 맺어야 한다는 보이지 않는 법칙에 지나치게 얽매인 나머지, 상대와는 전혀 관계없이 당당하게 자신을 존중해도 된다는 생각을 하지 못한다. 그래서 이 모든 문제를 개인적인 것으로 치부하고, '내가 자존감이 낮아서 그래'라는 식으로 자책하며 결론을 내린다. 대인 관계 문제를 매번 이렇게 해결하다 보면 자존감은 계속해서 상처를 입기 마련이다. 그러다 결국 바닥까지 낮아진 자존감을 높이기 위해 책을 읽고 강연을 찾아다니며 자기 수련에 들어가는 길을 선택한다.

미국에서는 1980년대부터 자존감이 크게 유행했다. 한국에서 자존감이 주목받게 된 것은 그로부터 거의 30여 년쯤 지난 후, 한국 사회가 미국식 자본주의로 변화된 다음이다. 공동체의 힘으로 굴러가던 시대와 달리 자본주의 체제는 개인 이기주의에 의해서 굴러가는 사회다. 개인 간의 경쟁을 기본으로 하는 자본주의 사회에서 공동체는 필연적으로 붕괴되고 개인은 원자화, 파편화된다. 현대인에게 고독이 최대의 문제로 부상한 까닭이 바로 여기에 있다.

주위 사람들에게 존중받는 사회에서 살고 있다면, '내가 나를 존중하고 있는가?'라는 문제는 그다지 심각한 고민거리가 아닐 것이다. 그러나 공동체의 해체로 인해 개인이 고립되고 나아가 이웃과 경쟁을 해야만 생존 가능한 개인주의 사회에서 자존감은 엄청나게 중요해진다. 집에서는 가족들에게, 직장에서는 동료들에게, 길을 오가며 마주치는 사람들한테서도 존중받지 못하는 사회에서 살아남을 수 있는 길은 '나라도 나를 존중하는 것' 외에는 없다. 이 과정에서 자존감이 현대 자본주의 사회를 살아가는 사람들에게 끔찍한 고독을 방어하거나 견뎌낼 수 있게 해주는 일종의 자기방어 무기로서 각광을 받게 된 것이다. 이는 동시에 우리가 자존감 문제를 단순히 개인적인 것으로만 바라봐선 안 되는 이유이기도 하다.

* * *

고독이 일상화된 사회에서 자존감은 사람들에게 거의 유일한 자기방어 무기이다. 배가 부를 때에는 음식에 별 관심이 없듯이, 사람들 사이의 관계가 좋을 때에는 자존감에 그다지 주목하지 않는다. 그러나 굶주림으로 고통스러워지면 음식의 소중함을 절절히 깨닫게 되듯이, 고독이 극심해지면 자존감의 소중함이 커지기 마련이다.

서구 사회와 달리 한국에서는 자본주의화가 급속히 추진되었던 1980년대까지도 민중 공동체가 긴 생명력을 유지했다. 한국인은 전 세계적으로 가장 오랜 세월 동안 건강한 공동체를 유지, 발전시키며 살아왔으며, 가장 강력한 집단주의 심리를 가지고 있는 민족이다. 70~80년대의 급속한 자본주의화의 물결 속에서도 한국인들은, 적어도 기층 단위에서는, 공동체를 지켜왔다. 덕분에 이때까지만 해도 마을 공동체, 직장 공동체, 학교 공동체 안에서 사람들이 서로를 존중하며 살아가는 생활방식이 가능했다.

물론 당시에도 계급적 차별과 무시는 엄연히 존재했으며 공동체의 붕괴가 빠른 속도로 진행되고 있었다. 그래도 80년대까지는 적어도 처지가 같은 동료들끼리 서로를 무시하거나 존중하지 않는 끔찍한 상황이 벌어지진 않았다. 학교에서 친구한테 괴롭힘을 당하는 일, 직장에서 동료한테 무시당하는 일은 거의 없었다는 것이다. 그러나 IMF 경제 위기를 전후해 신자유주의가 한국 사회를 휩쓸면서 민중의 기층 공동체들은 더 이상 버티지 못하고 전면 붕괴되기 시작했다. 한국 사회에서 신자유주의 체제가 정착된 이후에 비로소 자존감이 사회적 화두로 떠오른 것은 이러한 사회적 흐름과도 관계가 있다.

자존감 대유행의 원인이 무엇이든 간에 오늘날 고독한 한국인들은 자존감에 마지막 희망을 걸고 있는 것처럼 보인다. 이 최후의 희망이 절망으로 귀결되지 않기 위해서는 무엇보다 자존감에 대한 정확한 이해가 필요하다. 자존감이란 도대체 무엇이고 왜 중요하며, 한국인들의 자존감이 왜 이토록 심각하게 손상되었고 이를 다시 회복하려면 어떻게 해야 하는지를 정확히 알아야 한다. 그래야 자존감에 희망을 거는 것이 과연 타당한 일인지, 자존감을 실질적으로 높이기 위해서 무엇을 해야 하는지도 알 수 있다.

1부

21세기
대한민국에서
산다는 것

한국 사회는 사랑보다 혐오에 더 익숙해지고 있다.
_____ 특히
상당수 젊은 세대와 노인 세대 간의 갈등이 극명하다.
젊은이들에게 예의 없다며 _____
비난하는 이들에게 나는 묻고 싶다. _____
"젊은 세대가 어른 세대로부터 존중받으며 자랐다면
과연 노인들을 혐오했을까?" _____
_____ 이러한 혐오 현상 근저에는
자존감 낮은 부모와 자존감에 상처 입은 자식 _____
세대 간의 악순환이 숨어 있다. _____

타인에게
무시당하는 것은
누구에게나 힘들다

오늘날 우리는 무엇을 사람의 가치를 평가하는 기준으로 삼고 있을까? 무엇을 기준으로 가치를 평가하기에 이토록 많은 이들이 괴로워하는 것일까? 어딘가에 속해 살면서 다수의 평가 앞에서 초연할 수 있는 사람은 드물다. 따라서 다수의 사람들이 무엇으로 가치를 평가하는가가 나의 평가 기준에도 절대적인 영향력을 행사한다.

대다수의 한국인이 경제력을 기준으로 사람의 가치를 평가한다면, 나 역시 같은 기준으로 자신 또는 타인의 가치를 평가할 것이다. 이럴 경우 경제력이 아주 뛰어나서 돈이 많은 사람을 제외한 대다수가 자신의 가치를 높게 평가할 수 없으므로 자존감이 손상되기 쉽다. 그렇다면 요즘의 우리가 중요하다고 여기는 기준을 몇 가지 살펴보자.

한국인이 중요하다고 여기는 가치 평가 기준

물질만능주의

오늘날 한국에서 가장 먼저 꼽는 가치 평가의 기준은 경제력, 한마디로 말하자면 돈이다. 우리는 돈과 관련된 물질주의적인 요소, 예를 들면 시험 성적, 직급이나 연봉, 인기도, 사회적 지위 등을 기준으로 수많은 것들의 가치를 평가한다. 물론 이는 우리나라만의 문제가 아니다. 사회주의적 요소가 상당히 도입된 북유럽형 자본주의 사회에서는 상대적으로 덜하지만 그 외 대부분의 자본주의 사회에서는 물신만능주의, 돈 숭배주의가 기승을 부리고 있다.

우리는 자본주의 모델 중에서 거의 최악이라고 해도 무방한 한국형 자본주의에서 살고 있다. 많은 사람들이 경제적 능력에 따라 무언가를 높게 또는 낮게 평가한다. 가정에서 남성의 역할에 대한 선입견이 하나의 예로 꼽힌다. "대부분의 문화에서 남성들은 개인의 가치를 돈 버는 능력과 동일시하도록 사회화된다. 남성은 '능력 있는 부양자'일 때 가치 있는 존재인 것이다"[2]라는 한탄 섞인 우려가 철저히 현실화되고 있는 한국 사회에서 남성, 특히 아버지의 가치는 가차 없이 경제력으로 평가받는다. 심지어 나는 이런 농담을 들은 적도 있다. '엄마는 밥을 주니까, 개는 집을 지켜주니까 우리 집에 꼭 필요하다. 아빠도 필요하긴 하다. 이사 갈 때 개를 지켜야 하니까.'

어쩌다 아버지들이 이런 처지에 놓이게 된 것일까. 한국 사회가 철두철미하게 경제력으로 아버지의 가치를 평가하는 것, 아버지들이 잘못된 평가 기준을 그대로 받아들여 가정에서 자기의 역할을 돈을 벌어오는 데 국한시켜온 결과가 아닐까. 이는 수많은 문제 사례 가운데 하나에 불과하며, 물질만능주의는 개인으로서의 가치 평가는 물론이고 사회 구성원으로서의 가치 평가에까지 심각한 영향을 미치고 있다.

외모지상주의

우리 사회에서는 외모를 기준 삼아 사람을 평가하는 경향이 날로 심해지고 있다. 여기에는 정신적, 도덕적 가치를 상실한 사회, 내면의 공허함을 만회하거나 보상하려는 시도, 자본가들이 부추긴 성(性) 상품화를 포함해 외모나 몸매의 상품화, 성형 산업에 의한 인위적인 욕구 유발 등이 영향을 미친다.

그런데 부모들 가운데 대다수가 이런 현상으로부터 자녀들을 보호하기는커녕 오히려 휩쓸리는 경우가 늘어나는 추세다. 자녀에게 성형수술이나 다이어트를 권하거나, 친구와 외모를 비교하는 등 자녀의 자존감에 상처를 주는 일이 적지 않다. 이는 그만큼 외모지상주의를 상품화하고 당연시하는 경향이 우리 일상의 영역으로까지 확산된 것을 보여주는 증거일지도 모른다.

스펙중심주의

최악의 학벌 국가라고 할 정도로 한국은 학벌에 따라 사람을 차별하는 현상이 극심하다. 학력뿐만 아니라 학점, 토익 같은 스펙을 중시하는 경향이 이런 문제를 심화시킨다. 많은 이들이 스펙이 좋아야 좋은 직업, 많은 수입을 보장받는다는 신념으로 철저히 정신무장하고 있을 정도다. 이것이 바로 우리가 학벌이나 스펙을 기준으로 사람을 평가하게끔 만드는 주범이다. 앞으로 더 자세히 이야기하겠지만 스펙을 위주로 하는 가치 평가 기준은 자존감의 본질마저 왜곡시키는 경향이 있다.

돈, 외모, 스펙 등으로 사람의 가치를 평가하는 이들이 늘어날수록 이런 기준을 거부하거나 저항하기는 한층 더 어려워진다. 사회가 높이 평가하는 기준을 충족하지 못할 경우, 세상은 나의 가치 판단 기준과는 상관없이 나의 가치를 낮게 평가하기 때문이다. 타인에게 무시당하고 배척당하는 것은 누구에게나 견디기 힘든 일이다. 결국 많은 이들이 그런 가치 평가 기준이 잘못되었다고 생각하면서도 무의식중에 이를 받아들여 타인을 평가하고 나를 평가하면서 살아간다. 절대다수 한국인들이 자존감 때문에 고민하는 것은 이로 인한 결과인지도 모른다.

만일 다수의 한국인들이 건강한 가치 평가 기준을 가진다면 나도 건강한 가치 평가 기준을 받아들이기 쉬울 것이다. 그러나 문제는 이

것이 말처럼 쉽지 않다는 데 있다. 너무나 많은 이들이 잘못된 가치 평가 기준에 따라 기꺼이 자존감을 손상시키고 있지 않은가. 그렇다면 우리는 대체 어떻게 해야 좋을까? 앞으로 자세히 다루겠지만, 무엇보다 잘못된 사회 주류의 신념과 가치관을 거부하고 올바른 신념과 가치관을 확립해야 한다.

그러나 설사 올바른 신념과 가치관을 알게 되었고 그것을 적극적으로 받아들인다 하더라도, 장기간에 걸친 사회적 압력에 계속해서 저항하기란 매우 힘들다. 혼자라는 느낌, 고립되어 있는 느낌에 시달리는 사람은 무력감과 불안감의 포로가 되기 쉽다. 이런 심리 상태에 빠지면 주류의 신념과 가치관이 잘못되었다는 걸 알더라도, 다수의 압력에 밀려 결국 백기투항하기 마련이다.

이런 사회적 압력은 우리의 자존감에도 영향을 미친다. 그리하여 진정한 자존감의 정의를 흐릿하게 만들고 가짜 자존감을 따르도록 부추긴다. 가짜 자존감에 대해서는 앞으로 이야기하게 될 것이다.

인간의 가치 그리고 나의 가치는 어디에서 비롯되는가

나의 가치란 곧 인간의 가치이다. 나는 인간이므로 인간의 가치를 평가하는 기준과 나의 가치를 평가하는 기준이 다를 수는 없다. 물론 인간의 가치를 평가하는 보편타당한 기준 외에도 나의 가치를 평가하는 기준들이 다소 가감될 수는 있겠지만, 나의 가치를 판단하는 기준이 인간의 가치를 판단하는 기준을 크게 벗어날 수는 없다.

가치가 과연 무엇이고 그것이 어떻게 결정되는지를 쉽게 이해하기 위해 상품의 가치에 대해 먼저 살펴보기로 하자. 상품의 가치란 사용가치, 즉 '쓸모'에 의해 결정된다. 어떤 상품이 나에게 쓸모가 있으면 가치가 있고 쓸모가 없으면 가치가 없다. 요리사에게 식칼의 쓸모란 재료를 얼마나 잘 자르느냐에 달려 있다. 재료를 잘 자를 수 있는 식칼은 요리사에게 가치가 있지만 그렇지 않은 칼은 가치가 없다.

그렇다면 사람의 가치 역시 쓸모에 의해 결정되는가? 이론적으로는 그렇다고 할 수 있다. 다만 상품은 누군가의 소유물이 될 수 있지만 사람은 그렇지가 않다는 중요한 차이가 있다. 식칼은 요리사의 소유물이므로 그 식칼이 요리사에게 쓸모가 있느냐 없느냐를 따질 수 있지만, 사람은 누구의 소유물도 될 수 없으므로 누군가에게 쓸모가 있느냐 없느냐를 따질 수가 없고 따져서도 안 된다.

사람의 쓸모는 오직 공동체 혹은 사회를 기준으로 따질 수 있다. 즉 어떤 사람이 사회에 도움이 되는 존재라면 그는 쓸모가 있는 사람이고 사회에 해가 되는 존재라면 쓸모가 없는 사람이라는 식으로 구분할 수 있는 것이다. 이런 점에서 사람의 가치란 곧 사회적 가치라고 할 수 있다. 인류는 전통적으로 사회에 얼마나 기여하는가를 기준으로 사람의 가치를 평가해왔다. 오늘날의 한국에서도 국민들이 거짓말을 밥 먹듯이 하고, 부정부패가 심한 정치인의 가치를 아주 낮게 평가하는 것은 그가 아무짝에도 쓸모가 없는, 사회에 도움은커녕 해만 되는 사람이라고 판단하기 때문 아닌가.

가치를 결정하는 기준을 어디에 두고 있나

사람의 가치가 사회적 쓸모에 의해 평가될 경우에는 사회를 위해 많은 일을 할수록 자존감이 높아진다. 사람이 타인을 돕거나 사회에 기여할 때 보람과 기쁨을 체험하는 것은 이 때문이다. 이와 관련해 심리학자 토마스 펠런(Thomas W. Phelan)은 다음과 같이 말했다.

사람들은 자신이 다른 사람에게 도움이 되었다고 느껴질 때 흐뭇한 기분이 든다. 다른 사람이 자신의 행동을 알아봐주거나 인정해주면 더욱 뿌듯해지지만, 설령 그렇지 않다 하더라도 어느 정도는 자신을 대견하게 생각한다. 그런데 현대인들은 이런 시도를 아예 할 생각이 없는 것 같다. 그렇다보니 자연스러운 자존감 강화제를 접할

기회마저 잃고 있다.[3]

인류 역사에서 사람들을 사회적으로 쓸모 있는 인간이 되도록 이끌어주며, 사람의 가치를 판정하는 기준으로 널리 통용되었던 것은 도덕이었다. 도덕규범이란 본질적으로 개인의 이익이 아닌 공동체의 이익을 앞세우는 것과 관련이 있다. 위험에 처한 사람을 조건 없이 도와줘야 한다는 도덕규범은 개인의 견지에서 보면 이익이 되지 않을 뿐만 아니라 오히려 손해일 가능성이 높다. 위험에 처한 사람을 도와주다가는 나의 아까운 시간과 노력을 허비하게 되고 최악의 경우에는 나까지 위험해질 수 있기 때문이다.

그러나 사회적 견지에서 보면 타인을 조건 없이 도와주는 사회는 그렇지 않은 사회보다 훨씬 더 건강하고 지속가능하다. 즉 대부분의 도덕규범은 개인에게는 눈에 보이는 이익이 없을지 몰라도 사회에는 장기적으로 이익이 된다는 것이다. 그렇다면 도덕규범을 지키는 것이 개인들에게 그저 손해가 되는 일일까? 단기적으로나 짧은 시각으로 보면 그렇다고 말할 수 있을지도 모르지만 실제로는 그렇지가 않다. 도덕규범의 준수는 사회뿐만 아니라 궁극적으로는 개인들에게도 이익이 된다. 모든 사람들이 자기 이익만 앞세우느라 도덕규범을 지키지 않으면 사회가 엉망진창이 되는데, 그 피해는 고스란히 개인에게 돌아갈 수밖에 없기 때문이다.

예전에는 사람의 가치를 판단하는 일이 오늘날에 비해 비교적 단순했다. 대체로 인간성이나 도덕성 등이 사람의 가치를 판단하는 기준으로 통용되었기 때문이다. 오늘날 한국 사회에서 사람의 가치를 예전처럼 사회적 쓸모 혹은 도덕성으로 평가한다면, 자존감 문제가 아예 제기되지 않았을 가능성이 높다. 그런데 사실 절대다수의 한국인이 여전히 사회에 기여하면서 살아간다. 노동자는 사회에 필요한 물건과 서비스를 생산하고, 농민은 사회에 필요한 먹거리를 생산한다. 어용이나 가짜를 제외하면, 지식인과 예술인 역시 사회에 필요한 지식과 문화를 생산한다. 따라서 절대다수의 한국인은 사회적 쓸모가 있는, 가치 있는 사람임이 분명하므로 자존감을 가져야 마땅하다. 그런데 왜 이토록 많은 이들이 자존감 문제를 겪는 것일까?

그것은 오늘날의 한국 사회가 사람의 가치를 사회적 쓸모가 아닌 비정상적인 혹은 잘못된 기준으로 평가하고 있기 때문이다. 만일 사람의 가치가 사회적 쓸모가 아닌 돈으로 평가된다면, 사회에 도움이 되는 생산적인 활동을 하는 사람일지라도 가난하다는 이유로 정당한 사회적 평가를 받지 못할 것이다. 이런 경우 개인의 자존감이 손상될 가능성은 높을 수밖에 없다.

만인이 만인을
혐오하는 사회

사회적 평가만큼 우리의 자존감에 큰 영향을 미치는 것이 있다. 바로 타인으로부터의 존중이다. 서로에 대한 존중은 인간에 대한 최소한의 예의이다. 만일 누군가가 나를 존중해주지 않는다면 어떨까? 당연히 그를 싫어하거나 증오하게 될 것이다. 부모와의 관계에서도 마찬가지이다. 나를 존중해주어야 마땅하다고 믿으며 또 그렇게 해주기를 간절히 바라는 부모가 실제로 나를 존중해주지 않는다면? 의식적으로는 애써 부인할지 몰라도, 부모를 싫어하거나 증오하는 마음이 생길 것이다. 그런데 한국에서는 자식을 존중하지 않는 부모가 증가하고 있다. 이에 비례하여 부모에 대한 자녀의 증오심도 수직 상승하고 있다. 이러한 증오는 부모뿐만 아니라 세대, 성별 등의 갈등에 큰 영향을 미치고 있다.

오늘날 한국 사회에서는 사람들이 서로를 사랑하기보다 혐오하는 데 더 익숙해지고 있다. '혐오'라는 단어가 신문이나 뉴스에서 심심찮게 등장할 정도다. 특히 젊은 세대는 나이 든 세대에 대한 혐오를 거침없이 입밖으로 표현한다. 그중 한 예가 '틀딱'이라는 말이다. 틀딱은 '틀니 딱딱'의 줄임말로, 입에 틀니를 낀 노인이 딱딱거리면서 말하는 모습을 폄하하는 신조어다.

젊은 세대의 노인 혐오는 특히 두 세대 간의 정치적 입장 대립으로 드러난다. 2012년 대통령 선거에서 젊은 세대는 압도적으로 문재인 후보를 지지했던 반면, 나이 많은 세대, 특히 노인 세대는 압도적으로 박근혜 후보를 지지했다. 노인층의 몰표에 힘입어 박근혜가 근소한 차이로 당선되자 일부 젊은이들은 노인들의 지하철 무임승차를 반대하는 서명 운동을 전개하기도 했다.

이때까지만 해도 젊은이들이 노인을 틀딱이라고 부르지는 않았다. 그러나 지난해 탄핵 정국을 전후하여 박근혜를 지지하는 노인 세대와 탄핵을 요구하는 젊은 세대 간의 갈등이 고조되는 과정에서 노인 세대에 대한 혐오가 확산되었다. 틀딱이라는 말이 유행하기 시작한 것도 바로 이때였다. 이 시점부터 틀딱은 20~40대와 달리 극우 수구적인 정치 성향을 가진 60대 이상의 노인을 비하하는 목적으로 사용되었다. 최근 이 용어는 노인을 비하하는 의미를 넘어서 나이 많은 노인네, 어른, 꼰대와 비슷한 뜻으로 폭넓게 사용되고 있다.

● 자존감 낮은 부모 세대와 자식 세대의 악순환

한국의 상당수 젊은이들에게 노인 세대는 애정과 존경의 대상보다 혐오와 공격의 대상으로 간주되고 있다. 젊은이들이 공공장소에서 한마디 하는 노인에게 공격적으로 맞받아치는 모습은 적잖이 관찰할 수 있다. 이런 젊은이들을 예의 없다며 욕하는 이들도 많다. 하지만 나는 그들에게 이렇게 묻고 싶다. "젊은 세대가 어른 세대로부터 존중받으며 자랐다면 노인들을 지금처럼 혐오했을까?"

한국의 젊은이 절대다수가 극우 사대 세력이 지배하는 병든 세상이 아니라 건강한 세상에서 살고 싶어 한다. 젊은 세대가 이명박 정권과 박근혜 정권 하에서 야당을 압도적으로 지지했던 것은 이 때문이다. 그러나 이들이 "우리는 지금의 병든 사회가 싫어요. 더 좋은 세상에서 살고 싶어요"라고 호소했을 때 어른 세대는 어떻게 반응했는가? 노인 세대는 "배부른 소리하지 마. 뭐가 병든 사회야. 지금 같은 세상에서 계속 살아"로 대답했다. 부모 세대라고 할 수 있는 노인 세대가 자식 세대에 속하는 젊은이들의 소원을 악착같이 짓밟은 것은 그들이 젊은 세대를 존중하지 않는다는 것을 의미한다.

젊은이들은 나이 많은 부모님이 자기 말은 아예 들으려고 하지 않는다고, 부모님이 점점 더 고집스러워지고 권위주의적으로 변해간다고 자주 하소연한다. 나는 성인이 된 자식의 정치적 의견을 존중해주지 않는 노인은 나이 들어서 갑자기 그렇게 된 것이 아니라고 생각한다. 그들은 분명 자식이 어렸을 때에도 의견을 존중해주지 않는 부모

였을 가능성이 높다.

인간관계의 패턴은 쉽게 변화하지 않는다. 부모가 어렸을 때부터 자식을 존중해주었다면, 그 부모는 노인이 되어서도 일관되게 자식을 존중해줄 가능성이 높다. 결국 한국의 젊은 세대는 어렸을 때에도 부모에게 존중받지 못했고, 어른이 되어서도 여전히 부모에게 존중받지 못하고 있다. 그러니 젊은 세대가 노인 세대에게 혐오를 표현하고 증오와 적개심을 드러내는 것은 필연이라고 할 수밖에 없다.

부모에게서 존중받지 못하며 자라난 자식 세대의 자존감은 높을 수 없다. 존중받지 못한 사람에게 억지로 타인을 존중하라고 배려하라고 강요할 수 있겠는가. 우리는 여기서 젊은이들의 노인 혐오 근저에 자식을 존중할 줄 모르는 자존감 낮은 부모와 그런 부모 밑에서 자라면서 자존감에 상처를 입은 자식 세대 간의 충돌이 숨어 있음에 주목해야 한다. 물론 대부분의 젊은이들이 집에서 자기 부모에게 노골적으로 혐오나 증오심을 드러내지는 않겠지만, 그것은 사회적 차원에서의 노인 혐오를 뒷받침하고 확산시키는 심리적 기초가 되고 있다.

"난 억울하니까
남을 때려도
괜찮아."

요즘의 한국에는 부모에 대한 증오심에 기초하는 노인 혐오만 있는 것이 아니다. 사회적 약자 또는 소수자에 대한 혐오도 대유행하고 있다. 한마디로 자기보다 약하거나 못난 사람을 미워하고 공격하는 것이 자연스러운 사회 현상이 되어가는 것이다. 만인이 만인을 혐오하고 학대하게 된 이유에 대해서 앞서 《불안증폭사회》, 《트라우마 한국 사회》 등의 저서에서 여러 차례 다뤘기 때문에 여기에서는 한 가지만 언급하기로 한다.

얼마 전 고등학생인 아들에게 들은 이야기다. 아들이 고객 센터 상담 직원을 괴롭히는 진상 고객들에 대해 친한 친구와 이야기를 했다. 아들은 그런 고객들은 나쁜 사람들이고 상담 직원들을 보호해주어야 한다고 말했다. 그러자 친구는 이런 논리를 들어 반박했다. '전화 상담 직원은 남들이 열심히 공부하고 노력할 때 빈둥거렸기 때문에 그런 직업을 갖게 된 것이다. 따라서 그런 대접을 받더라도 감수해야만 한다.' 이 때문에 둘은 심하게 말다툼까지 했단다. 꽤 오랜 시간 동안 아들의 친구를 관찰해왔고, 그 아이에 대한 얘기를 들어왔던 터라 나는 이렇게 말했다.

"억울해서 그러는 것이지."

아들 친구의 가족들은 부모부터 할머니까지 평소 아이에게 공부를 강요하며, 명문대 진학을 입버릇처럼 말하곤 했다. 더구나 친인척들이 모이면 어른들은 항상 아이를 공부 잘하는 사촌 누나와 비교하기 일쑤였다. 한 번은 아이가 공부를 정말 열심히 해서 좋은 성적을 받았고 내심 부모가 칭찬을 해줄 것이라고 기대했다. 그러나 부모는 어김없이 사촌 누나와 성적을 비교하며 그 정도로는 일류 대학을 못 간다고 타박만 했다. 아들에게 그 얘기를 하면서 친구는 평평 울었다고 한다.

아마도 이 아이는 부모의 사랑을 잃지 않기 위해 억지로 공부해야 하는 삶이 끔찍이도 싫었을 것이다. 어쩌면 내 아들이 성적에 얽매이지 않고 신나게 노는 모습을 보면서 왜 나는 매일 공부만 해야 하느냐며 억울해했을지도 모른다. 이런 삶을 살아온 아이에게 전화 상담 직원은 자기가 죽어라고 공부하는 동안 빈둥빈둥 놀았던 사람으로 간주될 것이다. 그런 사람이 자신과 똑같은 대접을 받는 것이 싫고 억울한 것이다.

● 혐오 현상으로 나타나는 한국인의 심리

그런데 이게 그저 한 아이만의 문제일까? 오늘날의 한국에서 치열한 입시 경쟁에 성공해서 소위 일류 대학에 입학하고 높은 자리에 올라간 사람들의 경우, 대체로 이런 심리를 가지고 있다고 해도 무방하다. 이 같은 성장 과정을 거친 이들은 자기보다 약한 혹은 열등한 위치에 있는 사람을 혐오하고 차별 대우하는 것을 당연하게 여기기 쉽다. 요즘 우리 사회에서 나타나는 각종 혐오 현상에는 이런 심리도 한몫 보태고 있음이 분명해 보인다.

자존감이 낮은 사람은 자신을 타인과 비교해서 자신이 우월하다는 것을 확인해야 비로소 안심한다. 자신이 남들보다 우월하다는 것을 확인해야만 자신의 가치를 믿고 잘못된 평가 기준에 치중한 가짜 자존감을 지킬 수 있기 때문이다. 그런데 한국 사회에서 사람의 가치는 대부분 수입, 즉 돈으로 평가되기 때문에 자신과 자신보다 약한 위치에 있는 타인이 받는 돈에 차이가 적다면, 자신이 우월하다고 느끼기 힘들고 자존감이 위태로워진다. 따라서 이들은 자기가 받는 돈과 상대가 받는 돈의 격차가 커지기를 바란다.

그런 비뚤어진 욕망을 합리화하려면 약한 위치에 있는 사람에 대한 각종 편견을 붙들고 있어야만 하기 때문에 편견을 조작해내고 그것에 기초해 사회적 약자들을 혐오한다. 예를 들어 남성우월주의자들이 여성이 남성보다 나은 대접을 받거나 우월하다면 자존감의 손상을 피할 수 없으므로 여성은 차별을 당해 마땅한 하찮은 존재라는 편견을 붙들고 혐오하는 것과 같은 식이다.

만일 한국이 사람의 가치를 돈과 같은 평가 기준으로 판단하지 않는 사회라면, 이런 기준과 자존감은 분리될 것이므로, 자신보다 약자의 위치에 있는 사람과의 격차를 기를 쓰고 벌리려고 하지는 않을 것이다. 결국 낮은 자존감이 사회적 약자에 대한 혐오에 한몫하고 있음을 보여주는 것이다.

그런데 여성을 혐오하는 사람이 과연 남성은 사랑할까? 노인을 혐오하는 젊은이가 과연 나이 어린 사람은 사랑할까? 사회적 약자를 혐오하는 사람이 과연 강자는 사랑할까? 불가능하다. 어떤 사회 집단을 혐오하는 것은 스스로 다른 인간을 사랑하고 존중하지 못하기 때문이다. 자존감이 높은 사람은 그 어떤 혐오주의자도 될 수 없다. 자존감이 높은 사람은 나를 사랑하고 존중하는 사람이다. 나는 인간이다. 따라서 자존감이 높은 사람은 나 자신을 포함한 모든 인간을 사랑하고 존중한다.

반면 자존감이 낮은 사람은 혐오주의자가 될 가능성이 매우 높다. 자존감이 낮은 사람은 누구보다 나를 사랑하고 존중하지 못하며, 심한 경우 나 자신을 혐오하기 때문이다. 나는 인간이다. 따라서 나를 혐오하는 사람은 인간을 혐오한다. 다만 나보다 만만해 보이는 특정한 사회 집단을 찍어서 표적 혐오할 뿐이다.

이런 점에서 단 하나의 사회 집단이라도 혐오하는 사람은 자기혐오자이자 인간혐오자라고 할 수 있다. 이는 곧 한국 사회가 한국인들

의 자존감을 파괴하는 것에 비례하여 각종 혐오 현상 역시 수직 상승

할 것임을 예견한다.

청년 고독사가
일어나는 나라

한국에서 자존감 문제로 가장 고통받는 세대는 아마도 청년들, 즉 2030 세대일 것이다. 요즘의 청년들은 그 어떤 세대보다도 자존감 문제에 민감한 반응을 보이고 있다. 앞에서 자존감은 본질적으로 고독한 사람의 자기 방어 무기라고 언급했다. 이 말이 시사하듯 청년 세대가 자존감에 가장 민감하다는 것은 이들이 가장 고독한 세대라는 말과도 통한다(노인 세대 역시 한국인의 고독을 투영하는 상황이지만 이는 또 다른 문제다). 더구나 안타깝게도 한국에서 청년 고독사는 흔한 일이 되어가고 있다. 다음은 청년 고독사를 다룬 신문 기사 중 일부이다.

쓸쓸하게 방치된 죽음, 고독사. 사회적으로 고립된 노년층에게 종종 벌어진다. 하지만 이제는 20~30대 청년들 사이에서도 고독사가 늘고 있다. 지난달 31일 부산 연제구의 한 원룸에서 29세 남성이 숨진 채 발견됐다. 두 달째 연락이 닿지 않자 아버지가 집을 찾았다. 하지만, 이미 때는 늦었다. 시신의 부패 정도가 심해 사망 원인을 밝히기조차 어려웠다. 그는 취업이 오랫동안 되지 않았다. 아르바이트로 생계를 이어가고 있었다. 집에선 경제적 지원을 끊은 상태였다.

지난 5월 대구 수성구에서는 36세 여성이 숨진 지 두 달 만에 발견됐다. 빌라에 악취가 퍼지자 집주인이 강제로 문을 열었다. 가족과는 10년 전부터 교류가 없었다. 찾아줄 지인도, 직장 동료도 없었다. 사회로부터 완전히 고립됐던 셈이다. 지난해 9월 서울 서대문구에서도 29세 여성이 홀로 죽음을 맞았다. 그녀는 취업을 위해 고향 경남에서 올라왔다. 살던 원룸은 8개월째 월세가 밀렸다. 벼랑 끝에 몰린 청년들 곁엔 마지막까지 아무도 없었다. (…)

이는 비단 청년들만의 문제가 아니다. 한국 사회 전반적으로 공동체 의식이 낮아지고 있다. 경제협력개발기구(OECD)의 '2016 더 나은 삶 지수(Better Life Index)' 조사를 보면 한국은 네트워크의 질을 측정하는 '공동체' 부문에서 최하위국가 멕시코(38위) 바로 앞인 37위를 기록해 최하위권에 속했다. 또한 "어려움에 부닥쳤을 때 도와줄 사람이 있다"고 답한 한국인은 75.8퍼센트로 OECD 평균인 88퍼센트보다 훨씬 낮은 수치를 보였다. 개인주의가 팽배해진 만큼 타인과의 연대의식은 더욱 느슨해졌다. (…)

고독사는 말 그대로 고독한 죽음이다. 짧게는 며칠, 길게는 몇 달이

지나도록 아무도 그들의 죽음을 모른다. 끝없이 경쟁을 강요하고, 실패를 용인하지 않는 사회에서 청년들이 과연 누구에게 손을 내밀 수 있었을까.[4]

이제 막 성인으로서의 삶을 시작하는 청년들, 가장 열정과 패기가 왕성한 나이라고 평가되는 청년들의 고독사를 무엇으로 설명할 수 있을까? 그다지 길지 않은 인생을 얼마나 잘못 살았기에, 또 무엇을 얼마나 잘못했기에 청년들은 그렇게 애젊은 나이에 가족에게서도, 친구에게서도 고립된 채 쓸쓸히 생을 마감해야 했을까?

한국의 2030 세대는 어려서부터 사교육을 강요당하고, 청소년기에는 공부 기계가 되었으며, 대학생이 되어서는 학점 관리하고 스펙 쌓느라고 그 좋다는 청춘 시기의 낭만조차 맛보지 못한 채 사회로 내몰린다. 그러나 이들은 분명 그들만의 잘못(엄격히 말하자면 세상을 망쳐 놓은 어른들의 잘못이 크다)이 아님에도 취직을 못 했다는 이유로 동년배들에게서 존중받지 못하고 사회에서도 존중받지 못하며, 심지어는 가족에게서조차 존중받지 못한다. 그 결과가 청년 고독사라는 믿을 수 없는 현실로 나타나는 것이다.

● 가장 존중받지 못하는 세대가 겪는 일

이처럼 수많은 젊은이들이 한국 사회에 대한 희망을 잃은 것처럼 보인다. 최근 한 조사에서 젊은이들을 대상으로 기회가 되면 해외로 이민을 가겠냐는 질문을 던졌다. 그런데 이에 대해 무려 90퍼센트가 넘는 이들이 '예'라고 대답했다. 젊은 세대가 희망을 상실했다는 것은 세계 최저의 출산율이 어떤 해결책을 내놓아도 해결되지 않고 있는 것을 통해 확인할 수 있다. 출산율 저하에는 여러 가지 원인이 있겠지만, 그 주요 원인 중 하나는 젊은 세대의 희망 상실이다. 많은 젊은이들이 각종 제도나 법, 정치 등을 신뢰하지 않으며, '헬조선'이라는 말이 시사하듯 한국 사회가 안전하지도 않고, 정의롭지도 않으며, 평등하지도 않은 사회라고 믿고 있다. 게다가 이런 상태가 앞으로 나아질 것이라는 희망이나 기대도 거의 하지 못한다.

만약 한국 사회가 누구나 살 만한 곳이라서 젊은이들의 삶이 만족스럽고 행복하다면 어떨까? 내 자식을 낳으면 그 아이가 행복하게 살리라 기대할 것이다. 그러나 한국 젊은이들은 본인부터가 행복하지 않다. 그들은 과거에도 행복하지 않았으며 미래에도 행복해질 가능성이 낮다.

물론 현재의 한국 사회가 아무리 나빠도 희망을 가질 수 있다면 달리 생각할 수 있을지도 모른다. 그러나 희망을 갖는 것마저 거의 불가능하다. 무엇보다 이들의 자존감이 매우 손상된 상태이기 때문이다. 성장기에 사랑받고 존중받은 경험이 부족한 탓에 수많은 청년들은 자존감의 기초가 상당히 부실하다. 더구나 청소년기부터 본격적으로 자존감이 손상되고 청년이 된 후에도 자존감이 회복되기는커녕 계속 낮아지고 있다.

청년 세대가 보기에 한국의 미래가 더 좋아질 것이라는 보장은 전혀 없다. 자존감이 손상된 사람은 자신의 능력을 불신하기 때문에 낙관주의가 아니라 비관주의로 기우는 경향이 강하다. 그렇기 때문에 청년들은 미래를 더더욱 낙관하지 못한다. 이런 상황에서 자식을 낳는 것은 청년들에게 부모로서, 인간으로서 해서는 안 될 짓처럼 여겨질지도 모른다.

박근혜 탄핵을 이끌어낸 촛불 항쟁에서 많은 청년들이 촛불을 들었다. 그러나 여전히 대부분의 청년들이 '촛불을 들었다고 해서 뭐가 달라지나?'라고 생각하고 있다. 안타까운 일이다. 요즈음의 젊은이들에게서 용기, 패기와 열정을 찾아보기 어렵다는 한탄은 어제오늘의 일이 아니다. 젊은이들에게 어울리지 않는 이런 지독한 무력감은 그들의 자존감이 어떤 상태인지를 보여주는 명백한 증거이다.

대한민국
2030 세대가
자존감에 민감한 이유

청년 실업 또한 젊은이들의 자존감을 사정없이 파괴하는 주요 원인 가운데 하나이다. 한 청년은 눈물을 글썽이면서 몇 년째 취업이 되지 않는다며 내게 이렇게 하소연했다.

"저는 오래전부터 연애, 결혼 같은 건 다 포기했어요. 돈 많이 버는 것도 바라지 않아요. 그저 나 혼자 먹고 살 수 있을 정도로만 벌었으면 좋겠어요. 그런데 이 세상은 나한테 최소한의 기회조차 허용해주지를 않네요. 마치 엘리베이터에 타려고 하는데, 사람들이 꽉 들어차 있어서 내가 들어갈 자리가 없는 그런 느낌이에요."

이 청년은 자존감이 낮은 탓에 취직을 못 하는 것일까? 아니면 잘못된 사회 때문에 취직 기회를 박탈당한 탓에 자존감이 손상된 것일까? 전통적으로 심리학이 전자를 강조한다면 기타 사회과학은 후자를 강조한다. 이 청년의 경우 두 가지 다 부분적으로는 타당한 이유라고 할 수 있다. 내가 관찰한 바에 의하면 그는 이미 자존감이 심각하게 손상되어 있어서 대인 관계를 정상적으로 풀지 못하는 편이었고, 사회적 능력에도 문제가 있었다. 즉 자존감 손상이 취직을 어렵게 만드는 하나의 원인으로 작용한다는 사실을 부정할 수 없었다.

또한 청년은 어렸을 때부터 부모님에게 존중받은 경험이 거의 없었다. 오히려 성적이 나쁘면 부모님에게 상당히 심한 학대를 당했다. 더구나 중고등학교 시절에는 집단 괴롭힘을 당했고, 사회생활을 하면서도 반복적으로 모욕과 무시를 경험했다. 부모님 품에 있을 때는 물론이고 부모님 품을 벗어나서도 여전히 존중받지 못하는 삶을 살았던 것이다.

젊은 세대를 병들게 하는 사회 구조

이 청년의 문제를 자세히 들여다보면 지금까지 살펴보았던 병든 한국 사회의 문제가 여실히 드러난다. 청년 세대가 어렸을 때에는 주로 부모들이 그들의 자존감을 뿌리부터 손상시키고, 자라난 후에는 청년 실업을 야기하는 구조적 문제나 사람의 가치를 돈으로 평가하는 사회 풍조 등이 그들의 자존감을 완전히 파괴하고 있다. 앞으로 자세히 이야기하겠지만 병든 사회와 자존감 손상은 악순환의 관계에 있다.

병든 사회는 가정, 학교, 직장 등에서의 대인 관계를 비틀어 사회 구성원의 자존감을 어려서부터 심각하게 손상시킨다. 자존감이 손상된 사람이 늘어날수록 사람들 사이의 상호 존중은 더 어려워지고 병든 사회를 개혁하기 위한 사회적 노력 역시 감퇴한다. 그 결과 사회는 한층 더 병들고 그에 따른 자존감 손상은 더더욱 심각해진다. 청년들, 나아가 한국인들은 이러한 악순환 속에 꼼짝없이 갇혀 신음하고 있다.

《트라우마 한국 사회》에서 상세히 다루었지만, 한국의 중장년층(특히 60~70년대 출생자들)은 그나마 어린 시절 부모에게서 무조건적인 사랑을 받았고 자유로운 놀이 기회도 얻었다. 적어도 어렸을 때 존중받은 경험이 있는 것이다. 또한 성인이 되고 난 후 취업을 보장받음으로써 사회로부터 존중받는다는 느낌을 간접적으로 경험했다. 반면 2030 세대는 사정이 다르다. 이들은 성적을 중시하는 부모로부터 조건부 사랑을 받았고 놀이 기회를 박탈당했으며 사교육을 강요받으며 성장했다. 즉, 어렸을 때조차 존중받은 경험이 없다는 말이다. 이들은 상호 존중보다는 경쟁을 중시하는 환경에서 중고등학교, 대학교를 졸업했다. 그리고 오늘날 취업난을 통해서 사회로부터 존중받지 못하는 경험을 하는 중이다.

비록 길지 않지만, 전 생애를 걸쳐 단 한 번도 제대로 존중받아본 적 없는 2030 세대에게서 높은 자존감을 기대하는 것은 콩을 심어놓고 팥이 자라기를 바라는 것과 마찬가지다. 우리 사회가 근본적으로 변하지 않는 한 앞으로 한국에서는 어린 세대일수록 더 심각한 자존감 위기를 경험하게 될 것이다.

자존감이란 무엇일까?

자존감에 대한 정의는 심리학자들에 따라 차이가 있다. 대다수가 자존감이 중요하다는 사실에는 동의하지만, 저마다 자존감을 다른 의미로 정의하고 사용한다. 이것은 자존감 연구 분야에서 제기되는 주요한 걸림돌 가운데 하나이다. 자존감의 개념에 대한 심리학자들의 의견 차이나 논쟁을 모두 다루는 것은 이 책의 범위를 벗어날 것이다. 따라서 여기에서는 내가 정의하는 자존감의 개념을 소개하고 이를 설명하기 위한 목적에서 몇몇 심리학자의 의견만을 소개하기로 한다.

한마디로 정의하자면, 자존감은 '자신의 가치에 대한 평가에 기초하여 스스로를 존중하는 마음'이다. 이 개념을 좀 더 자세히 들여다보면 자존감이 무엇인지 정확히 이해할 수 있을 것이다.

자기개념은 나의 심리에 어떤 영향을 미치는가

우리는 누군가를 만나는 순간은 물론이고 헤어진 후에도 상대의 모습을 머릿속에 떠올릴 수 있다. 즉 누군가를 만나고 나면 그의 표상을 머릿속에 간직한다. 예를 들어 '둥글둥글한 웃는 얼굴'이나 '오뚝이 같은 몸통' 같은 이미지를 떠올리는 것이다. 이런 단순한 표상도 나의 심리와 행동, 특히 그에 대한 나의 심리와 행동에 이런저런 영향을 미칠 수 있다. 누군가와 장기간 관계를 맺을 경우 그에 대한 인식은 단순한 표상의 수준을 넘어서서 개념화된다. '전형적인 군인', '지사 형의 지식인', '간교한 사기꾼' 등을 예로 들 수 있다. 일단 누군가에 대해 개념이 형성되면 그것은 나의 심리와 행동에 큰 영향을 미친다.

사람은 타인뿐만 아니라 자기 자신에 대해서도 개념화를 할 수 있다. 물론 갓난아기 때만 해도 자기에 대한 인식은 이런저런 표상의 수준에 머문다. 그러나 시간이 지나면서 나에 대한 표상은 점차 개념화되는데, 이것이 바로 자기개념이다. 일단 자기개념이 만들어지면 그것은 사람의 심리와 행동에 지속적으로 영향을 미친다.

다소 극단적인 예일 수 있겠지만, '나는 선량한 사람'이라는 자기개념을 가진 사람은 쉽사리 나쁜 짓을 하지 않는다. 자기개념이 스스로의 행동을 검열하기 때문이다. 반대로 '나는 개새끼'라는 자기개념을 가진 사람은 비도덕적인 행동을 스스럼없이 할 것이라고 말할 수 있다. 이처럼 자기개념은 사람의 심리와 행동에 큰 영향을 미친다.

가치 평가는 어디에, 왜 필요한 것인가

어떤 대상에 대해 개념이 형성되면 사람은 그것을 활용해 판단을 하는데, 이 판단은 크게 두 가지로 구분된다. '진위 판단'과 '가치 판단'이 그것이다. 진위 판단이란 참이냐 거짓이냐를 판단하는 것이다. 예를 들어 "해는 동쪽에서 뜬다"라는 말을 들었을 때 그것을 참이라고 판단하는 것이 진위 판단이다. 진위 판단은 사람의 주관과는 상관없이 객관적으로 결정된다. 즉 해가 동쪽에서 뜨는 것은 객관적인 사실이므로 그것이 내 마음에 들든 아니든 '참'이라고 판단한다.

가치 판단은 사람에게 이로운가 해로운가를 판단하는 것이다. 이를테면 우리는 금을 가치가 있다고 판단하는 반면, 미세먼지는 가치가 없다고 판단한다. 금은 여러모로 유익한 광물이지만, 미세먼지는 해로운 존재이기 때문이다. 이렇듯 가치 판단은 사람중심적인 판단이라 할 수 있다. 진위 판단과 가치 판단은 둘 다 중요하다. 그러나 우리에게 더 중요한 의미가 있는 것은 가치 판단이라 할 수 있다. 나에게 이로운가 해로운가를 정확히 판단하는 것은 무엇보다 생존에 도움이 되기 때문이다. 독사가 나에게 이롭다고 판단해서 손으로 쓰다듬다가는 죽을 수도 있지 않은가.

사람은 어떤 대상에 대한 개념을 활용해 그 대상의 가치를 평가하는데, 그 결과에 따라 대상의 가치가 결정된다. 이를테면 요즘은 중국산 제품의 질이 꽤 좋아졌지만 과거에는 그렇지가 않았다. 이 때문에 번번이 낭패를 본 한국인들은 '중국산 제품은 질이 별로다'라는 개념을 갖게 되었고, 그런 개념에 근거해 중국산 제품의 가치를 아주 낮게 평가했다. 마찬가지로 어떤 대상에 대한 개념화는 가치 평가의 원천으로 작용한다. 나에 대한 개념인 자기개념도 마찬가지다. 사람은 자기 자신을 개념화할 수 있으며, 자기개념에 기초해 자신의 가치를 평가할 수 있다.

사람은 거의 본능적으로 어떤 대상이 자기에게 이로운가 아니면 해

로운가를 판단하며, 가치 평가는 거의 자동적으로 이루어진다. 타인이

나 자기 자신에 대한 가치 평가 역시 마찬가지다.

2부

누구의 자존감도

지켜주지 못하는

사회

오늘날 한국인들에게 _____

가장 심각한 문제를 묻는다면 고독을 꼽고 싶다.

_____ 한국인들은 성인이 되기까지 항상 고독하며,

노년기에 더 처절한 고통으로 다가오는 것이 현실이다.

_____ 에리히 프롬은

인간의 기본 욕구가 원만하게 실현되는 _____

사회가 건강하고, 좌절시키는 사회는 병들었다고 했다.

지금의 한국 사회는 자존감을 지켜주는 _____

_____ 건강한 사회일까,

아니면 사정없이 파괴하는 병든 사회일까?

한국 사회에서
왜 자존감이
화두가 되었을까?

오늘날 한국인의 자존감은 어떤 모습일까? 자존감 문제는 결코 어느 한 세대만의 고민이 아니다. 마치 특정 세대에서 부각되는 것처럼 보일지 몰라도 모든 세대가 이로부터 자유롭지 않다.

인간의 모든 심리가 그러하듯 자존감 역시 하루아침에 만들어지거나 없어지지 않는다. 자존감은 일찍이 어린 시절부터 그 기초가 마련되고 청소년기를 거치면서 단단해지며, 그 이후에도 크고 작은 변화를 겪는다. 간혹 심리 치료, 신념이나 가치관의 변화, 충격적인 경험을 통해 급격히 변화하는 경우도 있다.

자존감이 선천적인 것이 아니라는 견해에 반대하는 심리학자는 없다. 자존감은 타고난 유전적 특징이나 성격 특성 등으로 설명할 수 없는 후천적인 심리이다. 쌍둥이들을 대상으로 한 여러 심리학 연구 결과를 통해서도 자존감이 후천적 환경에 따라 달라진다[5]는 것을 확인할 수 있다. '갓난아이는 자아상이 없다. 그래서 자기가 예쁜 아이인지 미운 아이인지 모른다. 다만 엄마라는 거울에 비친 자기를 보고 비로소 자기를 확인한다'[6]는 말에서도 알 수 있듯이, 갓 태어났을 때의 아기는 자기를 개념화하는 데 있어서 거의 백지장과 같은 상태라고 해도 과언이 아니다. 자신에 대한 가치 평가 역시 마찬가지다.

현재 한국 사회에서 자존감 문제가 심각해진 직접적인 원인 한가운데에는 부모들이 있다. 부모가 유년기부터 자식을 무조건적으로 사랑해주지 못하는 현상이 나타나기 때문이다. 사실 나로서는 여기서 '무조건적인 사랑'이라는 말을 사용한다는 사실 자체가 가슴 아프다. 원래 부모의 사랑이란 아무런 조건 없이 자식을 사랑하는 것을 의미했고, 예전에는 다수의 부모들이 이런 정상적인 자식 사랑을 하지 않았던가. 그러나 한국에서는 점차 자식을 완전히 있는 그대로 사랑하지 못하는 부모들, 즉 조건부 사랑을 하는 부모들이 늘어나는 추세다. 굳이 '무조건적'이라는 수식어를 붙여서 그것이 정상적인 사랑이라는 사실을 강조해주어야 하는 안타까운 상황이 된 것이다.

● 부모가 자기를 사랑한다고 믿지 못하는 아이

무조건적 사랑이란 아무 조건 없이 자식을 존재 그 자체로 사랑하는 것이다. 인간을 사랑할 수 있는 능력을 가진 부모는 자식 역시 인간이므로 자식을 인간으로서 사랑하기 마련이다. 자식이 인간성을 상실한 살인자나 흉악범으로 전락하지 않는 한 아무 조건 없이 인간으로서, 귀중한 내 자식으로서 있는 그대로 사랑하는 것이다. 그렇다면 대체 조건부 사랑이란 무엇인가. 부모의 기대나 요구에 부응하면 사랑하고 그렇지 않으면 사랑하지 않는 식으로 조건에 따라 변하는 것이다.

원래 조건부 사랑은 사람이 아닌 상품을 사랑할 때 나타나는 전형적인 특징이다. 이를테면 값비싼 신상 스마트폰을 구입하면 누구나 처음에는 애지중지하기 마련이다. 하지만 시간이 흘러서 구상품이 되거나 제대로 작동하지 않으면 막 집어던지거나 떨어트리는 등 함부로 대한다. 스마트폰이 나한테 얼마나 쓸모가 있는가 혹은 얼마나 이용 가치가 있는가에 따라 스마트폰에 대한 사랑이 변동하는 것이다. 이런 사랑이 바로 조건부 사랑이다. 따라서 부모가 자식을 조건부로 사랑한다는 것은 자식을 자신의 욕망을 충족하기 위한 상품 혹은 도구로 간주하고 있음을 의미한다. 이런 조건부 사랑을 받은 아이는 부모가 자기를 사랑한다고 믿지 못한다.

무조건적 사랑을 받은 아이는 '나는 사랑받을 가치가 있다'라는 무의식적 신념을 갖게 된다. 부모에게 사랑받을 가치가 있다는 믿음은 자신이 귀중한 존재라는 믿음으로 이어진다. 아이가 스스로 가치 있고 귀중한 존재라고 믿는다면, 자연히 자기를 존중하게 될 것이다. 그런데 조건부 사랑을 받은 아이는 '나는 사랑받을 가치가 없다'라는 무의식적 신념을 갖게 된다. 자신이 사랑받을 가치가 없다고 믿으면 자신이 있으나 마나 한 하찮은 존재라는 생각으로 이어진다. 이런 생각은 결국 자기를 존중하기는커녕 미워하게 만든다.

부모에게 수용되거나 사랑받지 못한 아이가 자기 자신을 호의적으로 바라보고 긍정적으로 평가하기란 정말 어렵다. 이런 아이의 자기개념은 출발점부터 일그러지고, 자기에 대한 악감정이 쌓여간다. 그 결과 자기를 거부하고 싫어하며 나아가 존중하지 않게 된다. 자존감의 기초 공사가 부실하게 진행되는 것이다. 조건부 사랑은 아이에게 '나라는 존재만으로는 부모에게서 충분히 사랑받을 수 없다', '나는 사랑받기에 부족한 존재다'라는 메시지를 지속적으로 전달하기 때문에 자존감의 기초가 정상적으로 닦일 수 없다.

● 모든 문제를 부모의 탓으로만 돌릴 수 있을까?

부모의 무조건적 사랑이 절대적으로 중요하다는 것은 분명하다. 그런데 이 주제와 관련해서 한 가지 언급할 것이 있다. 앞서 말했듯 최근 한국에서는 부모들이 무조건적 사랑을 하는 능력을 심각할 정도로 상실하고 있다. 더구나 아이에게서 놀이를 박탈하면서 공부를 강요하는 아동 학대 현상이 너무나 흔하다. 이를 두고 많은 심리학자들이 입을 모아 부모들이 정신을 차려야 한다고 훈계한다.

물론 이런 충고가 틀렸다고 할 수 없고 그런 충고를 하지 말라고 할 수도 없다. 그러나 문제는 심리학자들이 이런 충고만 할 뿐, 사회적 모순의 개선이나 병든 사회의 변혁에 대해서는 거의 언급하지 않는다는 데 있다. 부모들에게 사회 변혁의 중요성과 필요성을 충분히 설명해주지 않고 그저 그들만 정신 차리면 만사가 다 잘될 것처럼 말하는 것은, 온갖 사회악을 모조리 부모 탓으로 돌리는 '부모 때려잡기'라고 할 수 있다. 나는 심리학자들이 사회 변혁 문제를 외면하고 부모들을 교육하거나 훈계하는 것으로 그친다면 참담한 현실을 바꾸기가 더욱 어려워질 것이라고 생각한다.

실제로 강연이나 책을 통해 부모들에게 조건부 사랑이나 아이에게 공부를 강요하는 것이 얼마나 부정적인지를 설명하면, 그런 말을 이해하지 못하거나 반대하는 사람은 거의 없다. 그렇지만 강의실이나 책에서 벗어나 막상 현실로 돌아가면, 그들은 사회 분위기와 주변의 압력으로 인해 금방 불안해져서 다시 관성적으로 아이를 대하게 된다. 이런 상황을 비유하자면, 아이에게 총 쏘는 훈련을 시키지 말고 자유롭게 놀게 해주라는 교육을 받고 나서 문을 열고 나오니 다시 총탄이 빗발치는 전쟁터가 눈앞에 펼쳐져 있는 것이라고나 할까.

최근 한국에도 많이 알려져 있지만, 북유럽의 부모들은 공부를 강요하지 않는다. 그들은 한국 부모들과는 달리 자식에게 놀이의 자유를 비롯한 폭넓은 자유를 허용하고 자식의 의사를 최대한 존중하며, 진로에 간섭하는 일 따위는 하지 않는다. 그렇다면 북유럽의 부모들은 본성이 착해서 아이들을 어질게 대하고, 한국의 부모들은 본성이 악하거나 무슨 억하심정이라도 있어서 아이들을 괴롭히는 것일까?

북유럽의 부모와 한국의 부모가 서로 다른 방식으로 아이를 대하는 것은 천성에서의 차이가 아니라 사회 제도의 질적 차이에서 비롯된다. 여기서 하나만 꼽아보자면 소득 격차부터 다르다. 북유럽 나라들의 경우 직업 간 소득 격차가 별로 크지 않다. 택시 운전사나 대학 교수나 월급 차이가 그다지 크지 않은 것이다. 직업 간 소득 격차가 크지 않으면 사람들의 삶과 심리에 어떤 변화가 생겨날까?

첫째, 자신이 원하는 것을 기준으로 진로나 직업을 선택할 수 있다. 직업 간 소득 격차가 크지 않으면 돈을 기준으로 직업을 선택할 이유가 없다. 어떤 직업이든 기본적인 생활을 꾸려갈 수 있는 정도의 소득을 얻을 수 있고 다른 직업들과의 차이가 크지 않다면, 사람들은 적성, 가치관 등을 고려하여 자기가 원하는 일을 선택할 것이다. 자신이 원하는 일에 종사하면 직업 만족도가 올라가고, 그에 따라 자연히 삶에 대한 만족도도 높아진다.

그런데 한국은, 동일 직업 내에서도 그렇기는 하지만, 직업 간 소득 격차가 대단히 크다. 학생들은 돈을 기준으로 진로를 선택하고 성인들 역시 돈을 기준으로 직업을 선택한다. 한국인들의 삶 전체가 돈에 좌우된다고 말해도 과하지 않을 정도다. 특히 자기가 원하는 일을 하면서 사는 사람의 비율은 매우 적다. 심지어 의사의 경우 자기 직업에 만족하는 사람이 25퍼센트 정도밖에 되지 않는다. 자신이 원하는 일이 아니라 오로지 돈을 벌기 위해서 일을 하게 되면 당연히 일하는 시간은 지겨워지고 삶 자체가 권태로워진다.

둘째, 직업으로 사람을 평가하여 차별하고 무시하는 병적인 사회 풍조가 사라진다. 북유럽에서는 직업을 기준으로 사람을 평가하여 차별하는 풍조가 거의 사라졌다. 따라서 어떤 직업에 종사하든 기본적인 생활이 가능할 뿐만 아니라 타인들로부터 무시당하지 않고 존중받을 수 있다. 반면 한국에서는 직업을 기준으로 사람을 평가하여 차별하는 풍조가 극에 달해 있다.

어떤 이들은 직업 간 소득 격차가 줄어든다고 해서 과연 직업을 기준 삼아 사람을 차별하고 무시하는 현상이 사라지겠느냐고 의문을 표하기도 한다. 이 주제에 대해서는 자세한 심리학적 설명이 필요하므로, 여기에서는 덴마크의 경우 한 세대 전까지만 해도 직업의 귀천이 있었으나 직업 간 소득 격차를 줄이자 불과 한 세대 만에 직업의 귀천이 사라졌다는 사실만을 언급하겠다.

다시 한 번 강조하고 싶은 점은 병든 사회를 그대로 놔둔 채 부모들만 비판해봤자 달라질 것은 거의 없다는 사실이다. 물론 부모들을 교육하고 설득하는 일은 꾸준히 필요하다. 그러나 심리학자들이 모든 것이 부모들 마음먹기에 달려 있다는 식의 설교에 계속 매달리는 것은 일제 강점기의 민족개조론처럼 의도적이든 비의도적이든 현실을 오도하고 나아가 사회 변혁을 방해하는 행위임을 인식해야 한다.

자기 결정권을
유보당하는
유년기 아이들

부모가 자녀를 존중하는 방식은 자식의 자유와 자기 결정권을 존중하는 것으로 표현된다. 사람은 누구나 자신에게 영향을 미치는 사안에 대해 자기 의견을 표현할 권리가 있으며, 자신이 원하는 바에 따라 결정할 권리가 있다. 나이가 어리다고 해서, 누군가의 자식이라고 해서 자유와 자기 결정권이 유보되어야 할 이유는 전혀 없다. 아이들은 학원에 가고 싶어 하는 것이 아니라 친구들과 놀고 싶어 한다. 그러나 부모들은 아이를 놀지 못하게 하면서 학원에 가라고 강요한다. 비록 드물기는 하지만, 소설가나 예술가 혹은 학자 등을 꿈꾸는 청소년들도 있다. 그러나 부모들은 그런 직업을 얻으면 돈 벌기 힘들다면서 교사나 공무원을 하라고 강요한다.

안타깝게도 현재의 교육 체제 안에서 한국 부모들은 자식의 자유와 자기 결정권을 침해하는 데 익숙하다. 아이가 어릴 때에는 놀이를 박탈하고 사교육을 강요한다. 청소년이 되면 진로 선택을 좌지우지하며, 청년이 되면 직업 선택에 간섭하면서 계속 통제하고 조종한다. 이 과정에서 자녀가 반항이라도 하면 사랑을 철회한다, 혹은 미워한다는 신호를 보내거나 비난과 협박을 퍼붓거나 용돈을 주지 않는 등의 방법을 사용한다. 대다수의 부모들이 인식하지 못하지만, 이는 엄연한 학대 행위이다.

이렇듯 스스로 인식조차 못하면서 자녀의 자유를 박탈하고 자기 결정권을 침해하는 학대 행위를 자행하는 한국 부모들의 수가 점점 더 증가하고 있다. 이는 대체 무슨 의미일까? 갈수록 많은 부모들이 자기 자신을 사랑하고 존중하지 못하는 자존감 낮은 사람이 되어가고 있음을 반영하는 것이다.

● "원하는 것을 다 들어줄 수는 없지 않나요?"

자녀에게 자유를 보장해주고 자기 결정권을 존중해주어야 한다는 얘기를 하면 어떤 부모들은 "어느 정도까지 자유를 보장해주어야 하나요? 아이가 원하는 대로 다 들어줄 수는 없지 않나요?"라고 묻는다. 자녀에게 자유를 보장해준다는 것은 무제한 방종을 허용하거나 원하는 걸 다 들어주는 것과는 아무 관계가 없다. 아이에게 저녁시간 전에는 반드시 귀가를 해야 한다, 자기 전에 반드시 이를 닦아야 한다는 규칙을 지키도록 요구하는 것은 자유 박탈이나 결정권

침해와 상관이 없다는 것이다.

민주적인 대화를 통해서 자식이 납득할 수 있는 규칙을 정하고 그것을 지키도록 요구하면, 자식은 자유를 침해당한다고 느끼는 것이 아니라 부모가 자기에게 관심을 주고 있으며 자기를 사랑한다고 느낀다. 부모가 자식의 나이에 맞는 규칙을 정하지 않거나 규칙을 지키도록 요구하지 않으면, 자식은 불안해하면서 부모가 자기에게 관심이 없고 사랑하지 않는다고 느낀다.

그런데 한국 부모들은 자녀의 삶에 중대한 영향을 미치는 문제에서는 자유와 결정권을 침해하는 반면, 비교적 별다른 영향을 미치지 않는 사소한 문제에서는 지나치게 허용적인 경향이 있다. 다음과 같은 상황을 예로 들 수 있다.

"엄마, 나 밥 먹기 싫어. 라면 먹을래."

"어제도 라면 먹었잖아. 밥을 먹어야 건강해지지."

"싫어. 라면 먹고 싶어!"

"알았어. 라면 끓여줄게."

"그런데 엄마, 학원에 안 다니면 안 돼? 공부하기 너무 힘들어."

"안 돼! 학원에는 무조건 가야 돼."

"학원 힘들단 말이야."

"(화를 벌컥 낸다)학원 안 가서 어쩌려고? 나중에 거지 되고 싶니?"

한국에서는 많은 부모들이 놀이 보장과 조기 사교육, 진로 선택, 직업 선택 등의 문제에서 자녀에게 결정권을 허용해주지 않는 편이다. 반면 보상해주려는 심리인지 몰라도 그 외의 문제에 있어서는 지나치게 관대한 경향이 있다. 아이가 학원에 가지 않겠다고 하면 마구 혼내면서, 공공장소에서 뛰어다녀도 제지하지 않는 식이다. 타인과 자신에 대해 올바른 자존감을 갖춘 부모라면, 학원에 가지 않겠다는 자식의 요구는 존중해주되 공공장소에서의 에티켓에 대해서는 단호하게 주의를 줄 것이다.

● 자녀에게 자신을 지킬 용기를 주고 있는가?

부모가 인간을 어떤 식으로 대하는가 또한 인간에 대한 자녀의 태도에 결정적인 영향을 미친다. 즉 부모가 자기 자신을 포함해 다른 이들을 존중하는가 아닌가가 자녀의 자기존중과 타인 존중에 큰 영향을 미친다는 것이다. 내가 어린 시절 아버지는 나에게 '직업에는 귀천이 없다'는 말을 자주 하셨다. 만일 아버지가 말과 다르게 직업에 따라 사람을 차별하는 행동을 했다면, 나는 아버지를 위선자로 낙인찍고 경멸했을 것이다. 그러나 다행히도 아버지는 사회적으로 천대받던 직업을 가진 사람들을 존중하는 모범을 보여주셨다. 덕분에 나는 지금까지도 직업에는 귀천이 없으며, 모든 사람을 존중해야 한다는 신념에 따라 행동해왔다고 자부한다. 만일 아버지가 언행

일치를 통해 인간 존중의 모범을 보여주지 않았다면 그런 신념을 갖기 힘들었을 것이다.

인간에 대한 존중은 재산이나 지식수준 따위와는 아무런 상관이 없다. 오히려 자존감과 상관이 있다. 이를테면 부잣집 출신이라고 해서 모두 가난한 이웃을 업신여기는 것은 아니다. 아무리 부잣집 출신이라도 부모가 자존감이 낮아서 인간을 존중하지 못하고 차별하는 사람인 경우, 자식도 인간차별주의자가 되는 법이다.

인간으로서 존중받지 못하는 부당한 상황에서 부모가 어떻게 행동하는가 역시 자식의 자존감에 큰 영향을 미친다. 자기를 존중하는 사람은 곧 모든 인간을 존중하므로 스스로 존중받지 못하는 상황이 되면 분연히 저항한다. 자식이 이렇게 행동하는 부모를 보고 자란다면, 그는 인간을 존중하는 자존감 높은 사람이 될 것이다. 그러나 부모가 비굴하게 처신하는 모습이나 타인이 존중받지 못하는 부당한 상황을 모른 체하는 장면을 목격하는 것은 자녀의 자존감에도 치명적일 수 있다.

심리학자 지그문트 프로이트(Sigmund Freud)는 어린 시절 아버지로부터 이런 이야기를 들었다. 반유대주의 정서가 팽배하던 시절 오스트리아에서 살던 프로이트의 아버지는 유대인임을 표시하는 모자를 쓴 채 길을 가고 있었다. 그때 맞은편에서 오던 게르만족 젊은이가 그의 모자를 낚아채더니 길거리에 던져버렸다. 아버지가 여기까지 얘기하자 어린 프로이트는 내심 기대를 품고 물었다.

"그래서 아버지는 어떻게 하셨어요?"

아버지는 마치 부끄러움도 모르는 사람처럼 아들에게 이렇게 대답했다.

"어떻게 하긴? 떨어진 모자를 주워 쓰고 다시 길을 갔지."

이날 이후 어린 프로이트는 아버지를 몹시 부끄러워했고, 그런 아버지를 훌륭한 아버지로 바꾸고 싶어 하는 아버지 대체 욕망에 사로잡혔다. 어린 프로이트가 카르타고의 영웅 한니발을 숭배했던 것은 이 때문이다. 타인에게 존중받지 못하는 상황에서 아버지가 보여준 비굴한 모습이 프로이트의 자존감을 크게 손상시킨 것이다.

그렇다. 아이들의 자존감은 부모를 따라간다. 아이들은 인간 존중의 가치가 무시당하는 부당한 상황을 부모가 용납하지 않는 모습을 지켜보면서 장차 자신의 존엄성, 나아가 인간의 존엄성을 지키기 위해 싸울 용기를 얻는다.

학교가
자존감의 기초를
뒤흔든다?

초등학교에 들어가기 전까지만 해도 대부분의 아이는 부모에게서 사랑받기 위해 무엇인가를 증명할 필요가 없다. 그저 자신의 존재만으로 부모의 사랑을 받을 수 있고, 이로써 자신이 가치 있는 존재임을 확신할 수 있기 때문이다. 이때까지 능력은 자신의 가치를 평가하는 데 그다지 중요한 변수가 아니다. 그러나 초등학교에 진학하고 난 후에는 사정이 크게 달라진다. 이제 아이는 자신의 존재만으로는 사랑받을 수도, 높이 평가받을 수도 없다.

초등학교, 늦어도 초등학교 고학년 시기부터 아이는 자기개념과 자신의 가치를 사회적 평가와 자신의 사회적 능력에 근거해 서서히 재구성하고 재평가하기 시작한다. 물론 이때에도 자존감의 기초는 대단히 중요한 역할을 한다. 자존감의 기초가 튼튼한 아이는 악성적인 사회적 평가를 비교적 잘 견뎌낸다. 이것은 자존감의 기초가 일종의 면역 기능까지 도맡는다는 것을 의미한다.

자존감의 기초가 튼튼하면 사회적 평가와 상관없이 자신이 가치 있는 사람이라는 확신이 비교적 잘 유지할 수 있다. 반면 자존감의 기초가 약하면 사회적 평가에 따라서 자신의 가치에 대한 평가가 심하게 흔들릴 수 있다. 이후 초등학교에서 본격적으로 사회생활을 시작하면서 아이는 사회적으로 가치 있는 존재가 되기 위해 사회적 능력을 습득하고 이를 활용해 각종 성취를 이뤄내며 자존감을 확립해나간다.

이때부터 아이는 사회적으로 가치 있다고 여겨지는 일을 성공적으로 수행해나가면서 스스로 자존감을 높여야 한다. (…) 이러한 도전을 받아들이는 것 외에는 자존감을 높일 수 있는 다른 선택의 여지가 없다.[7]

● 자존감 손상이 불가피한 한국의 교육 시스템

초등학교 시절부터 아이는 부모에게 가치 있는 존재만으로는 부족하며, 사회적으로 가치 있는 존재가 되어야 한다는 것을 서서히 깨닫는다. 그래도 이 시기까지는 어린 시절에 형성된 자존감의 기초가 상당한 관성을 가지고 지속적으로 영향을 미친다고 할 수 있다.

그런데 한국의 초등학교 교육은 아이들의 자존감 형성에 긍정적이기보다는 부정적인 경향이 있다. 초등학교에서는 아이들을 성적이라는 획일화된 기준에 의해 평가하고 그에 따라 차별 대우를 한다. 이런 구조 안에서 아이는 자신의 사회적 가치와 능력이 성적으로 평가된다고 믿게 되고, 성적이 좋지 않으면 자신의 가치와 능력을 높이 평가할 수 없게 된다. 성적이라는 획일적인 기준으로 아이들의 서열을 매기면 극소수 상위권을 제외한 대부분의 아이들은 자존감 손상을 피할 수 없다.

세계적으로 주목받고 있는 핀란드 교육은 이런 점에서 한국과 크게 대비된다. 핀란드의 초등학교에서는 시험을 보지 않으며 성적을 발표하지도 않는다. 물론 선생님들은 학생들의 성적을 항상 체크하고, 평균에 도달하지 못하는 아이들을 특별 지도하지만 성적으로 서열을 매기는 일 따위는 하지 않는다.

또한 아이들이 공부만이 아니라 다양한 경험과 활동을 할 수 있도록 보장해준다. 덕분에 아이들은 체육, 예술, 기술 기능 학습 등 여러 활동을 하고 그 과정에서 다양한 경험을 쌓아간다. 당연히 이런 교육은 자존감에 긍정적인 영향을 미치기 마련이다. 아이들의 내면에 자존감의 기초를 탄탄히 쌓아주는 역할을 하기 때문이다.

핀란드의 아이들은 자신의 가치가 성적에 따라서 평가된다고 믿지 않으며, 다양한 활동을 통해 자신이 잘하는 것을 발견하면서 자기 능력에 대한 확신을 갖게 된다. '나는 축구를 잘해', '나는 그림을 잘

그려', '나는 조립을 잘해'와 같은 믿음을 바탕으로 자신의 사회적 가치와 능력을 높이 평가함으로써 자존감이 정상적으로 형성되는 것이다.

청소년을
아수라장으로
밀어붙이고 있지 않은가

과거 조선 시대에는 현재의 청소년에 해당하는 나이가 되면 혼인을 하고 농사를 짓거나 관직에 진출하는 등 본격적인 사회생활을 시작했다. 그러나 오늘날 청소년에게는 학내 자치 활동이나 정치 활동의 자유조차 주어지지 않기 때문에 전체 사회보다는 사회를 상징하는 또래 집단과 대중매체로부터 큰 영향을 받는다. 사회 주류의 가치관에 동의하든 아니면 자기 나름대로의 가치관을 확립해나가든 청소년기부터는 자신의 가치관에 기초해 사회적 비교를 시작하고 이것이 자기개념과 자기평가에 영향을 미친다.

청소년기(12~17세)의 자존감 확립은 이 시기를 기점으로 이뤄지는 급격한 사회화와 관련이 있다. 청소년은 단지 경험이 부족할 뿐 지적 능력에서 성인과의 질적인 차이는 거의 없어진다. 즉, 청소년은 성인과 동일한 수준으로 과학적이고 이성적인 사고를 능숙하게 할 수 있다. 이러한 지적 능력의 발달에 힘입어 청소년기에는 사회화가 한층 급속히 추진되고 사회의식이 비약적으로 발전한다.

● 사회적 비교가 자존감 확립에 미치는 영향

이렇듯 청소년기는 자존감이 확립되는 시기이다. 초등학교에 비해 청소년기에는 더 많은 요인들이 자존감에 영향을 미치기 시작한다. 청소년은 학교 성적만이 아니라 이성적 매력이나 운동 기술을 포함하는 신체적 능력, 가정 환경, 소유물 등도 사람의 가치 평가에 영향을 미친다는 것을 알게 된다. 도덕성, 노력, 용기, 타인에 대한 배려심 등의 중요성도 깨닫지만 이런 성품들은 갈수록 사람을 평가하는 기준으로서 영향력을 잃어가고 있다.

청소년기의 자존감과 관련해서 꼭 기억하고 넘어가야 할 것이 있다. 청소년기에 도달하면 아이들은 사회가 사람의 가치를 평가하는 기준을 명확하게 알게 되는데, 그것을 있는 그대로 받아들이거나 자기의 암묵적인 신념과 가치관, 심리 상태를 기초로 일부 변형하여 수용 또는 거부하여 자기만의 가치 평가 기준을 확립한다는 사실이다. 오늘날 한국의 중고등학교는 경쟁 교육, 입시 위주 교육이 지배하는 아수라장과 같다. 이것은 당연히 청소년들이 가치 평가 기준을 확립하는 데 도움이 되기는커녕 자존감에도 악영향을 미친다.

학벌 위주의 교육은 학생들에게 '둔한', '부족한', '더딘', '평범한', '똑똑한', '우수한' 같은 꼬리표를 붙이고 있으며, 이는 학생들의 자기 개념에 심각한 영향을 미친다.[8]

잔인한 입시 경쟁에서 일찌감치 도태된 청소년들은 자존감을 과감히 포기해버린 채 하루 종일 잠만 자거나 일탈 행동을 하기 쉽다. 입시 경쟁에서 선두권을 차지한 청소년들이라도 안심할 처지는 못 된다. 언제 지금의 자리를 상실할지 몰라 초긴장 상태에서 하루하루를 보내기 때문이다. 이런 상황에서 선생님이 학생들을 성적으로 평가하고 차별 대우한다면, 자존감 손상은 한층 심각해질 것이다.

더구나 병적인 한국 사회의 모습이 적나라하게 투영되면서 정도의 차이만이 있을 뿐 대부분의 중고등학교에서 집단 괴롭힘 현상이 나타난다. 집단 괴롭힘 역시 청소년기의 자존감 확립에 악영향을 미친다. 타인을 학대하는 것은 일반적으로 무력감을 보상하기 위한 행동이며, 사랑의 능력을 결여했을 경우에 가능한 행동이기도 하다. 즉, 가해자가 이미 자존감이 낮은 사람임을 의미한다. 타인을 학대한다고 해서 낮은 자존감이 높아질 리 없다. 오히려 자기개념의 손상, 죄책감 등으로 인해 자존감이 더 낮아질 가능성만 높아진다. 피해자 역시 반복적인 학대 경험으로 인해 스스로를 탓하는 피학대 심리를 갖게 되고 자기개념이 파괴될 위험이 커진다. 결국 가해자와 피해자 모두 집단 괴롭힘을 통해 자존감의 악순환을 경험하기 쉽다.

십대는
자존감을 지킬
권리가 있다

요즘 초등학교, 중고등학교를 통틀어 선생님들이 가장 많이 하는 걱정을 한 가지 꼽으라면 무엇인지 아는가? 바로 '무기력한 아이들' 이라고 할 수 있다. 선생님들에 의하면 초등학교 시절부터 무기력한 아이들이 눈에 띄게 증가하기 시작하며, 중고등학교 시절이 되면 아무런 목표나 의욕 없이 하루 종일 잠만 자는 아이들을 흔하게 볼 수 있다고 한다. 한국의 십대들이 팔팔해야 마땅한 청소년기부터 이렇게 무기력감의 포로가 되어버린 원인은 어디에 있을까?

한국에서의 초등학교, 중고등학교 교육은 철두철미하게 대학 입시에 집중되어 있다. 한마디로 일류 대학에 가는 것이 한국 교육의 처음이자 끝이라는 것이다. 이 때문에 십대들은 대학 입시 위주의 교육 시스템, 성적 중심의 평가 체제 등 획일화된 교육 환경 안에서 생활하고 '대학 간판이 인생을 결정한다', '대학에 가야 뭐라도 할 수 있다'는 식의 생각을 주입받는다. 이런 교육 환경 속에서 성장하는 청소년들의 자존감은 당연히 안녕하지 못하다.

초등학교 시절만 해도 꽤 많은 아이들이 열심히 노력하면 좋은 대학에 진학할 수 있다는 희망을 가진다. 그러나 중학교 정도가 되면 자신이 좋은 대학에 진학하기란 불가능에 가깝다고 판단하는 십대들이 큰 폭으로 증가하기 시작한다. 이런 판단을 한 십대들은 현재의 성적이 나쁜 데다 자신이 훗날 좋은 대학에 갈 가능성이 없다고 믿으면서 자신의 가치와 능력을 낮게 평가한다. 십대들이 자신의 능력을 불신하게 되면 무력감에 사로잡혀 모든 도전을 멈춰버린다. 자존감이 심각하게 다치면서 자포자기 상태에 빠져버리는 것이다. 더욱이 자존감이 손상되면 자기를 미워하게 되기 때문에 흔히 스스로를 함부로 대하거나 방치하는 등 자신을 학대하게 된다.

● '하고 싶은 게 없다'고 외치는 아이들에게 필요한 것

어린 시절부터 이런 경험을 했던 십대들이 공부에서 뒤처지기 시작하면 '딱히 하고 싶은 게 없다'고 하는 무기력감에서 벗어나기 힘들다. 이런 심리 상태가 20대까지 이어지면 병적으로 스펙에 집착하거나 혹은 더 심각한 무기력감에 시달리는 현상으로 한층 악화될 수 있다. 더구나 많은 어른들이 이런 아이들에게 무조건 '노력하면 다 된다'며 스펙부터 쌓으라고 종용하고 가짜 자존감의 허상을 따라가게 만든다. 무기력감에서 벗어나도록 도와주기는커녕 도리어 부추기는 셈이다.

십대들이 자존감을 회복하려면 무엇보다 자존감의 기초를 정상화시키는 과정이 필요하다. 한국의 십대들 중 상당수는 이미 어린 시절 부모의 조건부 사랑 등으로 인해 자존감의 기초가 손상되어 있기 때문이다. 대부분의 학교에서는 공부에 방해가 된다면서 이런 노력을 지원하거나 장려하지 않는 것이 현실이다. 결국 십대들은 자기의 결단과 노력으로 심리 치료를 받거나 자기 분석 등을 통해 자존감의 기초를 복원해야 한다. 이런 과정에서 부모나 주변 사람들의 관심과 도움이 절실하다.

또한 친구들과의 관계를 적극적으로 발전시켜야 한다. 학교에서 뜻이 맞는 친구들을 적극적으로 사귀고 그들과 모임을 만드는 것도 좋다. 이 시기 십대들은 건강한 동아리 활동을 하면서 서로를 지지하는 친구 집단에 소속될 필요가 있다. 죽어라고 공부해서 성적이 올라도 자존감은 쉽게 회복되지 않지만 친구들을 사귀면 자존감은 훨씬 더 빨리 회복될 수 있다. 친구와의 관계가 무엇보다 중요한 영향을 미치는 시기이기 때문이다.

오늘날 십대들은 어른들이 생각하는 것보다 사회적으로 훨씬 성숙해 있다. 아이들에게는 한국의 잘못된 교육과 사회에 대한 올바른 인식을 갖고 어른들과 사회의 부적절한 간섭과 압력에 저항할 능력이 있으며 그래야 할 필요가 있다. 사람의 가치를 성적이나 돈이라는 획일적인 기준으로 평가하는 것이 잘못이고 그 근원이 병든 사회에 있음을 명확히 알아야 자신의 가치를 정당한 기준에 의해 평가할 수 있다. 또한 어른들이 강요하는 인생, 즉 공부 열심히 해서 좋은 대학 가서 돈 많이 버는 이기적이고 맹목적인 인생을 거부하고 진정으로 자신이 원하는 삶을 용감하게 선택할 수 있다. 우리는 청소년들에게 그런 권리가 있다는 사실을 계속해서 알려주고 지지해주어야 한다.

"인간관계가
제일
힘들었어요."

한국 사회에서는 성인이 되면 대부분 치열한 경쟁에 뛰어들게 된다. 날마다 생존을 위한 싸움에 참여하는 것이 우리의 현실이다. 안타깝게도 많은 젊은이들이 이 과정을 겪으면서 돈과 직결되는 직업 능력과 성취, 사회적 지위나 성공, 인기 등이 사람의 가치를 평가하는 가장 중요한 기준임을 체감한다. 이런 쓰라린 경험은 우리 내면에 물질적 기준을 신념화하는 계기로 작용한다. 그 결과 사람의 가치는 기본적으로 돈에 의해서 평가된다는 신념, 돈이 없으면 사람대접 받지 못한다는 신념이 한층 확고부동해지고 만다.

청소년기에 확립된 자존감이 청년기나 초기 성인기(20~40세)에 급격하게 변하는 경우는 드물다. 그러나 이 시기에 어떤 인생 목표를 정립하느냐, 어떤 배우자를 만나고 어떤 사람들과 관계를 맺느냐, 어떤 사회적 성취를 하느냐 등에 따라 자존감은 변화할 수 있다. 물질적 기준에 대한 신념 역시 마찬가지다. 현실적인 상황은 고달프지만, 이 시기에 건강한 사상이나 이론을 받아들이고 사회 개혁 운동에 참여하게 되면 스스로 자존감을 변화시킬 수 있다. 신념과 가치관, 나아가 삶의 방식에서 급격한 변화를 경험하면서 자존감이 큰 폭으로 올라갈 수 있는 것이다.

● 상대가 나를 무시할까 봐 두렵다

청소년기에 확립된 자존감은 청년기에 들어서고 난 후 기본적으로 지속되면서도 약간의 변화를 겪기 시작한다. 청년기는 평생의 꿈, 즉 인생 목표를 정립하는 시기이다. 이 시기에는 의식적이든 암묵적이든 세계관과 인생관이 신념화되어 공고해지고 가치관도 뚜렷이 정립된다. 일단 신념과 가치관이 확고해지면, 이는 자존감에 결정적으로 그리고 지속적으로 영향을 미치기 시작한다. 신념과 가치관은 타인과 사회의 평가를 그대로, 혹은 채로 걸러 통과시키거나, 아예 튕겨내는 일종의 출입문 역할을 한다.

정상적인 발달 과정이 보장되는 경우, 청년기에는 자기 자신과 사회에 대한 지식 그리고 자신의 신념과 가치관에 기초해 인생 목표를 정한다. 자존감을 기준으로 말하자면, 인생 목표란 자신의 가치와 능력을 끌어올리는 데 이바지하는 것이자 자신의 가치와 능력이 최종적으로 도달하기를 바라는 것이다. 예를 들면 훌륭한 미술가라는 인생 목표는 자신의 가치를 미술가로서의 가치와 실력에 기초해 평가하겠다는 기준을 확실하게 정한 것이다. 동시에 자신의 가치와 능력을 훌륭한 미술가라는 최종 기준에 도달할 때까지 끌어올리겠다는 결심을 한 것이다.

우리는 청년기에 정립한 인생 목표를 달성하기 위해 계속 분투한다. 이 과정에서 인생 목표에 가까워질수록 자신의 가치와 능력을 높이 평가하게 되며 자존감이 높아진다. 그런데 청년기에 건강한 인생 목표를 정립하지 못하면 자존감이 손상될 가능성도 커진다. 자신이 뭘 하고 싶은지에 대한 고민 없이, 남들이 좋다고 하는 직장에 취직해서 돈 버느라 바쁘게 하루하루를 흘려보낸다면? 결국 자신의 가치와 능력을 높이 평가하기 힘들 수밖에 없다. 자신이 아닌 타인이 정한 기준을 따랐기 때문이다.

후기 청년기와 초기 성인기에 창조적인 꿈의 이미지가 설정되지 않으면, 확실히 선택적인, 심지어 전체적인 자존감은 감소할 수 있다. 이상적인 자기와 현실적인 자기 사이의 불균형은 삶의 성취들이 목표에 필적하지 못할 때 가치와 능력의 감정들에 부정적인 충격을 줄 수 있다.[9]

초기 성인기에는 연애 혹은 결혼을 하여 사회적으로 인간관계가 확장되는 경향이 있다. 이런 인간관계들 역시 자존감에 큰 영향을 미친다. 이 시기에 얼마나 친밀하고 건강한 관계를 쌓아나가느냐에 따라 이후 자존감 수준에도 커다란 영향을 받는다. 예를 들어 어떤 상황에서든 자신을 올바로 지지해주는 배우자를 만난다면 자존감에 긍정적인 영향을 받을 것이다. 반면 비난의 달인을 만난다면 어떨까? 그 사람의 자존감은 지속적으로 떨어지기 쉽다.

특히 오늘날 한국에서는 지속적으로 혼인율이 낮아지고 그에 따라 미혼자의 비율이 높아지고 있다. 이런 현상에는 여러 원인들이 복합적으로 작용하는데, 그중에서 자존감과 관련된 한 가지를 논의해보려 한다.

예전에 유명한 결혼 중매업체의 매니저로부터 이런 얘기를 들은 적이 있다. 그가 여러 조건을 잘 따져서 미혼 남녀를 열심히 연결해주어도 성사되는 비율이 낮아서 그 이유를 알아보기 위해 설문 조사를 해봤다. 조사 문항 중에 데이트에 나갈 때 가장 많이 하는 생각을 묻는 것이 있었다. 그런데 '기대된다'와 같이 긍정적인 대답보다 '상대가 나를 무시할까 봐 걱정된다'는 부정적인 응답이 훨씬 많았다. 그 이후로 매니저는 젊은이들에게 데이트를 할 때는 경계심을 풀고, 타인을 의식하기 전에 자신감을 잃지 말라고 조언한다고 했다.

젊은이들이 이성을 만나는 과정에서 상대에게 무시를 당할까 봐 걱정하는 것은 곧 자존감에 상처를 입을까 봐 두려워하는 것이다. 또한 그런 두려움이 있다는 것은 자존감이 낮다는 것을 의미한다. 이런 사례는 젊은이들이 연애와 결혼을 힘들어하는 이유 가운데 하나가 바로 자존감이라는 사실을 시사한다. 이는 이성과의 관계에만 해당되지 않는다. 어떤 인간관계든 자존감과 영향을 주고받는다. 결국 성인 초기에는, 기혼이든 비혼이든 상관없이 타인과 친밀하고 건강한 관계를 만들 수 있는가의 여부가 자존감 확립에 중요한 영향을 미친다고 말할 수 있다.

한국의 중장년층은
어떻게 자존감이
무너지는가

인생은 선택의 연속이라는 말이 있다. 한국의 경우 청소년기까지
는 자유의지에 의한 선택이 거의 불가능하다. 부모의 지배와 간섭으
로부터 자유로워질 수 있는 청년기부터 비로소 나의 의지에 의한 선
택이 (물론 본인의 결심과 노력이 필요하기는 하지만) 가능해진다. 이것은
청년기 이후부터의 선택은 본질적으로 모두 나의 몫이라는 것을 의
미한다. 예를 들어 고등학교 시절, 부모의 강요 때문에 의대에 진학한
것은 나의 선택이 아니라 부모의 선택이다. 그러나 부모의 영향에서
벗어난 이후에도 계속 의대를 다니고 의사가 된 것은 나의 선택이다.
따라서 그 선택에 대한 책임은 내 몫이라 할 수 있다.

청년기 이후부터 내가 어떤 선택을 하면서 살아왔는지, 그 결과가
무엇이었는지는 자존감에 그대로 반영된다. 이런 점에서 청년기 이
후의 자존감은 곧 나의 선택이자 삶이라고 말할 수 있다.

• 나는 더 이상 사회적 쓸모가 없는 사람인가

중년은 자신의 인생을 재평가하는 시기이다. 지금까지 내린 선택 과정을 되돌아보는 시기라 할 수도 있겠다. 이런 재평가 결과는 자존감에 상당한 영향을 미친다. 중년에 이르면 청년기의 꿈이 옳았는지 아니면 잘못되었는지, 그 꿈을 실현하는 데 성공했는지 아니면 실패했는지가 명확하게 드러난다. 예를 들어 청년기에 훌륭한 학자가 되기를 꿈꿨다면 중년기에는 훌륭한 학자가 되었는지 아닌지가 판가름된다. 학자가 되었는데도 전혀 만족스럽지 않다면 청년기의 꿈이 잘못되었음을 깨달을 수 있다. 또한 이 시기에는 지금까지의 인간관계를 되돌아보게 된다. 배우자와의 관계가 좋아지거나 악화되어 있고, 자식 농사를 잘 지었는지 아닌지도 분명해지기 때문이다. 아울러 지금까지 살아온 날보다 앞으로 살아갈 날들이 더 적다는 사실, 자신이 죽음을 향해서 나아가고 있다는 자각 역시 인생 전체를 재평가하도록 이끈다.

과거의 내 선택들이 잘못되었음을 깨닫게 되었을 때, 과감하게 새로운 선택을 시도할 수 있는 것은 중년기까지 가능하다. 마지막 기회라고 할 수 있는 중년기에 이르러서도 올바른 선택을 하지 못한다면 노년기의 자존감 파멸은 피할 수 없다. 노년기에는 자신의 삶을 평가하여 그것을 긍정하고 마지막 남은 힘을 쏟으면서 삶을 마무리해야 한다. 그런데 이 시기에 이르러 그동안 자신이 잘못 살아왔다고 판단되면 삶을 긍정할 수가 없고, 죽음을 받아들일 수 없게 되어 절망에 빠진다. 사람의 가치는 탄생이 아니라 죽음을 통해서 가장 명확하게 드러난다. 명문가의 혈통으로 태어났어도 너절하게 죽는 사람과, 개천에서 태어났어도 아름답게 죽는 사람의 가치는 다르게 평가될 수밖에 없다.

사람의 가치를 돈으로 평가하는 한국 사회에서는 중년기 이후부터 자존감이 빠르게 추락할 수 있다. 한국 사람들은 그나마 직업을 유지하는 동안 자신이 사회적 쓸모, 가치가 있는 존재라고 믿는 경향이 있다. 자신의 경제력을 통해서 스스로 사회가 필요로 하는 존재라는 믿음을 억지스럽게 유지할 수 있기 때문이다. 이 경우, 명예퇴직이나 정년퇴직 혹은 해고나 파산 등으로 인해 직업을 잃게 되면 당연히 자존감이 손상된다. 직업을 잃는 것은 무엇보다 자신이 더 이상 돈을 벌 수 없는 가치 없는 존재, 사회가 더 이상 필요로 하지 않는 쓸모없는 존재로 전락했음을 의미하기 때문이다.

한국의 아버지들이 직장에서 밀려나온 뒤에 갑자기 어깨가 축 늘어지고, 가족들의 얼굴 보기를 부끄러워하며, 심각한 정신적 혼란을 겪는 것도 마찬가지 이유에서다. 그들이 평소 자신의 가치를 직업(한국에서는 돈과 동일시되는)으로 평가해온 결과인 것이다. 뒤에서 자세히 다루겠지만, 사람의 가치를 사회적 쓸모가 아니라 돈이나 직업 등의 잘못된 기준으로 평가하면 진짜 자존감이 아니라 가짜 자존감을 갖게 된다. 가짜 자존감은 말 그대로 가짜이기 때문에 돈이 없어지거나 직업을 잃게 되면 허망하게 무너져 내린다.

● 돈이나 사회적 지위가 떠받치고 있는 가짜 자존감

한국의 중년들은 자식 뒷바라지를 위해서, 무너진 자존감을 회복하기 위해서 직장을 그만둔 후에도 계속해서 돈을 벌려고 한다. 퇴직금을 밑천 삼아 주식에 투자하거나 치킨집 같은 자영업에 뛰어드는 것이다. 그러나 준비가 부족한 상태에서 투자나 창업에 성공하는 비율은 대단히 낮기 때문에 돈을 불리기는커녕 평생에 걸쳐 모았던 돈을 날려버리기 일쑤다. 한국의 자영업 비중이 기형적으로 높고, 55세를 기점으로 빈곤율이 갑자기 치솟는 것은 이와 관련이 있다. 이런 경우가 늘어나면서 한국 노인 세대의 빈곤율은 거의 50퍼센트에 육박하고 있다. 나이는 들고, 직업은 없고, 경제력도 없다면 심각한 자존감 손상을 피할 수 없다. 한국의 중장년 이후 세대, 특히 노인 세대가 심각한 자존감 문제를 경험하는 것은 이 때문이다.

자존감은 어린 시절에 그 기초가 닦이고, 청소년기에 기본적으로 확립되며, 청년기 이후부터 죽을 때까지 계속 변화한다. 자존감에는 상당한 일관성과 공고성이 있어서 그것이 급격하게 변화하는 경우는 흔치 않다. 그러나 자존감은 전 생애에 걸쳐 끊임없이 변화하고 발전하는 역동적인 것이기도 하다.

은퇴 이후의 중년들이 자존감을 회복하려면, 무엇보다 자신의 인생 목표를 전반적으로 재검토해야 한다. 한국인들의 인생 목표는 죽는 순간에 맞춰져 있지 않다. 대부분의 목표가 길게 잡아야 직장 생활 혹은 경제 활동을 마감하는 50대 정도까지만 유효하다. 따라서 직장에서 은퇴하거나 돈을 벌지 못하게 되면, 그 순간부터 인생 목표를 상실한 상태에 놓인다. 이미 평균 수명이 80세 이상을 돌파한 고령 사회에서 인생 목표가 없는 상태로 수십 년을 살아야 한다는 것은 그 자체로 끔찍한 일일 수밖에 없다. 중장년이라는 나이라도 인생 목표가 중요한 이유가 여기에 있다.

중년들은 지금이라도 죽는 순간까지 추구해야 하는 건강한 인생 목표를 설정해야 한다. 새로운 목표는 직장이나 돈 같은 과거의 기준을 따라선 안 된다. 은퇴 이후의 중년들이 자존감을 회복하려면 또한 자신의 삶을 수용하고 긍정해야 한다. 중년기 이후의 한국인들은 자신의 삶을 실패한 것으로 간주하는 경향이 있다. 사실 이들 중 절대다수는 가족들을 위해서 한평생 성실하게 노동을 해왔다. 그럼에도 자신의 가치와 인생을 긍정적으로 평가하지 못한다. 그 이유는 무엇일까? 돈을 많이 벌지 못했기 때문이다!

중년들이 자신의 가치를 경제력으로 평가하는 자세에서 벗어나지 못한다면, 자신의 가치를 높게 평가할 수 없고 자기의 인생을 긍정할 수도 없다. 한마디로 자존감의 심각한 손상을 피할 수 없다. 따라서 자신의 가치와 인생을 돈이 아닌 정당한 기준으로 재평가하고, 사람을 정당한 기준으로 평가하는 건강한 사회를 만들기 위해 노력해야 한다.

중년들은 또한 힘을 합쳐 한국 사회가 중년기 이후의 인생을 도와주고 지원해주는 사회적 체계를 만들도록 요구해야 한다. 나는 제도적으로 기본소득제를 시행하는 조건에서 중년기 이후의 국민들에게 돈과 상관없이 할 수 있는 다양한 사회적 활동을 제공하는 것이 이상적이라고 생각한다. 아울러, 다소 늦었다고 생각할지도 모르지만, 자존감의 기초에 문제가 있다면 그것을 정상화시키는 작업도 필요할 것이다.

아무리 열심히 살아도
노인이 되면
빈털터리가 된다?

오늘날 한국의 노인 세대는 세계적으로도 그렇지만, 한국 역사상 가장 불행한 상황에 놓여 있는 세대라고 말할 수 있다. 표면적으로 볼 때, 이들을 불행으로 몰아가는 주범은 빈곤이다. OECD 통계에 의하면, 65세 이상 한국 노인 세대의 거의 절반(약 49퍼센트)이 빈곤 상태에 있다(이 말은 나머지 50퍼센트의 노인이 부유하다는 것을 의미하지는 않는다). 그리고 노인의 자살률은 오래전부터 부동의 1위를 차지하고 있다. 좀 극단적으로 말하자면, 한국인들은 중년기까지 제아무리 열심히 살아도 노인이 되면 상당수가 빈털터리 신세를 면할 수 없어서 극단적인 상황으로 떠밀린다는 것을 의미한다.

대부분의 한국인들은 중년 이후에는 은퇴 등으로 수입은 없어지는 반면, 계속되는 자식 뒷바라지로 지출은 늘어나는 상황에 놓인다. 그래서 그동안 모았던 돈을 자식들에게 퍼주느라 다 써버리기도 하고,

있는 돈을 더 불리려고 투자나 창업을 했다가 날리는 사례도 허다하다. 한국 사회는 젊은 세대에게 거의 지원을 하지 않는 것으로 악명 높다. 따라서 자식 세대를 부양하는 데 들어가는 돈은 모조리 부모 세대의 주머니에서 갹출된다. 엄청난 사교육비와 대학 등록금, 스펙 쌓고 취직하는 데 필요한 각종 비용, 결혼 비용과 신혼집을 마련하는 데 필요한 비용, 심지어는 손주들 유치원비까지 부모의 호주머니에서 나간다. 국가가 해야 할 일을 하지 않아서 국민들이 노년기에 빈곤해지는 셈이다.

● 한국인은 늘 고독했다

문제는 노인 세대 역시 대부분의 한국인들처럼 자신의 가치와 인생을 돈으로 평가한다는 데 있다. 이런 조건에서 심각한 노인 빈곤율은 당연히 그들의 자존감을 무참히 파괴할 수밖에 없다. 자존감이 파괴된 노인들은 우울증, 무가치감, 무력감, 허무감 등에 압도당한다. 노년기의 절망은 이들의 성격을 비뚤어지게 만들고, 대인 관계를 뒤틀리게 만들거나 기피하게 하여 고독감을 한층 심화시킨다. 이는 자살과 치매 위험을 높이는 주범이다.

즉 노인 세대의 고독과 자살은 단순히 경제적인 문제만이 아니라 자존감 파괴와 밀접하게 관련되는 것이다. 그런데 이를 단순히 노인들의 자존감 문제로만 보고 끝나서는 안 된다. 결국 우리가 모른 척 무시하고 미뤄왔던 사회적 문제들이 노후를 기점으로 터지는 것으로 볼 수 있기 때문이다.

오늘날의 한국인들에게 가장 심각한 문제를 한 가지만 꼽으라면, 나는 주저 없이 고독을 꼽고 싶다. 한국인들은 어려서는 공부하느라 바빠서 친구를 사귀지 못한다. 대학에 가서는 학점 관리하고 스펙 쌓느라 친구를 사귀지 못한다. 성인이 되어서는 돈 버느라 바쁘고 가족들 뒷바라지하느라 바빠서 친구를 사귀지 못한다. 그래서 중년기 넘어 자식들이 독립하고 나면 문득 자신에게 친구가 없다는 사실을 자각하게 된다. 여기에 더해 가족들 사이의 관계도 돈으로 얽혀서 예전 같지가 않다. 한국인들은 어려서부터 항상 고독했다. 다만 그것이 노년기에는 더 처절한 아픔과 고통으로 다가올 뿐이다.

한국인들은 90년대를 지나면서 이웃과의 연대를 통한 사회 개혁이 아니라 철저한 각개약진을 추구해왔다. 그 결과 오늘날의 한국인들, 특히 노인들은 유사 이래 최고 수준으로 고독해져 있다. 한국 사회가 관계와 공동체의 복원에 성공하지 못한다면, 우리에게는 현재의 노인들보다 훨씬 더 끔찍한 미래가 기다리고 있을 것이다.

● 한국 사회는 자존감을 얼마나 보장하고 있는가

지금까지 살펴보았듯 자존감은 유전적인 산물이 아니고 순수하게 개인적인 산물도 아니다. 오히려 철저하게 사회적인 산물에 가깝다. 사실 사람이 사회적 존재가 아닌 동물이었다면 자존감 문제는 아예 제기조차 되지 않았을 것이다. 자존감은 자신이 사회적 쓸모가 있는, 사회적 가치가 있는 사람이기를 바라는 기본 욕구가 얼마나 실현되었는지를 직접적으로 반영하는 심리이다. 사회에 이바지하려는 사람의 본성적 열망이 곧 자존감인 것이다. 따라서 사회를 떠나서는 자존감도 없다.

심리학자 에리히 프롬(Erich Fromm)은 《건전한 사회(The Sane Society)》라는 저서에서 인간 본성의 실현을 기준 삼아 건강한 사회와 병든 사회를 구분해야 한다고 강조한 바 있다. 인간 본성에 기초하는 기본 욕구들이 원만하게 실현되는 사회가 건강하고, 그 실현을 방해하거나 좌절시키는 사회는 병들었다는 것이다. 뒤에서 자세히 살펴보겠지만, 자기존중의 욕구는 인간 본성에 기초하는 기본 욕구이다. 따라서 건강한 사회에서는 대부분의 사회 구성원들이 자존감을 유지하고 높여나갈 수 있다. 반면 병든 사회에서는 대부분의 사회 구성원들이 자존감 손상이나 상실을 피할 수 없다. 그렇다면 지금의 한국 사회는 자존감을 지켜주는 건강한 사회일까, 아니면 사정없이 파괴하는 병든 사회일까?

진정한 자신감은 어떻게 생겨나는가

사회적 가치가 있다는 것은 곧 사회에 쓸모가 있다는 뜻이다. 이런 사회적 쓸모를 찾기 위해서는 각자에게 능력이 필요하다. 예를 들면 먹거리를 생산하는 농부의 경우 농사를 지을 능력이 있어야 한다.

사람의 가치를 뒷받침해주는 능력과 관련된 용어가 바로 '자기 효능감(self-efficacy)'이다. 자기 효능감이란 간단히 말해 나에게 능력이 있다는 확신, 나에게는 힘이 있다는 믿음이다. 예를 들면 선풍기의 가치는 바람을 만들어내는 능력에 담보된다. 어떤 선풍기가 바람을 제대로 만들어내지 못하면, 누군가 그 선풍기의 가치가 높다고 아무리 우겨도 객관적인 가치는 낮다. 이렇게 가치와 능력은 서로 밀접하게 관련되어 있다.

가치와 능력의 밀접하고 통일된 관계는 지위와 역할의 관계와 본질적으로 동일하다. 즉 가치란 지위이고, 능력은 역할이다. 지위가 높을수록 가치가 높다고 말할 수 있으며, 특정한 지위는 그 지위에 어울리는 역할을 수행할 때 가능해진다. 즉, 자기의 가치에 걸맞는 수행 능력이 있어야 한다는 말이다.

예를 들어 누군가 선생님의 지위에 있으려면 선생님의 역할을 수행할 능력이 있어야 한다. 만일 어떤 선생님에게 교수 능력이나 학생을

지도할 능력이 없다면 어떻게 될까? 아마 학생들한테서 '저런 사람이 선생이라고……. 자리만 차지하고 있으면 다 선생인가?'와 같은 비판을 받을 것이다. 역할 수행이 뒷받침되지 않으면 지위 유지가 불가능하듯이, 능력이 뒷받침되지 않으면 가치 생성 역시 불가능하다. 따라서 가치 평가에는 필연적으로 사회에 도움이 되는 활동 능력이 있는지 여부가 포함된다.

지위와 역할, 가치와 능력은 밀접하게 연결되어 있기 때문에 사람의 가치 평가에는 그의 능력에 대한 평가가 반드시 포함된다. 자존감과 관련된 가치 평가에서 이 점에 주목했던 심리학자는 너새니얼 브랜든이다. 그는 1960년대 출간된 《자존감의 심리학(The Psychology of Self-Esteem)》에서 이전 시기 학자들의 의견을 종합해 자존감이 가치(worthiness)와 능력(competence)의 두 가지 요소로 구성된다고 주장했다. 그에 따르면 자기가치에 대한 믿음은 자기존중을 가져오고 자기능력에 대한 믿음인 자기 효능감은 자기신뢰를 가져온다. 사람의 가치와 능력은 분리될 수 없으며, 서로 상호작용하여 자존감을 상승시킨다는 브랜든의 주장은 훗날 학자들에게 큰 영향을 미쳤다.[10]

능력이 부족하거나 결여되면 자신이 사회에 도움이 되는 일 혹은 사회가 높이 평가하는 일을 해낼 수 있다고 믿기 힘들다. 아무리 사회에 쓸모 있는 사람이 되고 싶다 하더라도 자기한테 그럴 능력이 없다고 믿으면, 자신의 가치를 높이 평가할 수 없는 것은 당연하다. 자기능력에 대한 믿음은 자기신뢰, 즉 자신감과 직결된다.

모든 이가 모든 능력을 갖출 필요는 없다

내가 나의 능력에 대한 확신을 가지려면 나에게 무엇보다 구체적인 능력이 필요하다. 군인의 사회적 가치와 예술가의 사회적 가치를 서로 저울질할 수 있을까? 물론 사회에 기여하는 정도, 사회적 쓸모를 기준으로 둘의 가치를 비교할 수는 있겠지만, 무조건 군인이 예술가보다 사회적 가치가 더 높다고 말할 수는 없을 것이다. 서로 다른 분야에서, 다른 방식으로 사회에 기여하기 때문이다.

이것은 군인의 가치를 담보하는 사회적 능력과 예술가의 가치를 담보하는 사회적 능력이 다를 수밖에 없음을 의미한다. 악기 연주 능력이 없다고 해서 어떤 군인의 가치가 낮다고 말할 수는 절대 없다는 것이다. 즉, 군인에게는 군인의 가치를 뒷받침해주는 능력이 필요하고 예술가에게는 예술가의 가치를 뒷받침해주는 능력이 필요한 것이지, 팔방미인 같은 능력을 가져야만 가치 있는 사람이 되는 것이 아니라는 말이다.

사람의 가치는 기본적으로 각자의 능력에 의해 담보되지만 모든 사람이 다 갖추어야 할 보편적인 사회적 능력도 있다. 바로 대인 관계 능력이다. 사회생활은 대인 관계를 통해서만 가능하다. 대인 관계 능력이 부족하면 심리적으로 위축되고 활동이 전반적으로 제한되어 궁극적으로 삶에서 고전할 가능성이 커진다. 따라서 누구에게나 필요한 보편적인 능력인 대인 관계 능력에 문제가 있으면 자기 효능감을 갖기 힘들고, 그 결과 자신의 가치를 의심할 가능성이 매우 높다. 한마디로 대인 관계 능력의 결함은 자존감 손상으로 직결될 가능성이 크다는 것이다.

사람은 자신이 보유하고 있는 지식이나 기술 기능 등으로 사회에 기여할 수 있을 때 비로소 자신을 가치 있는 존재로 여길 수 있다. 안면 기형으로 고통받는 아동들을 상대로 한 연구에 의하면 "그 아이들의 건강한 사회·정서적 적응의 가장 중요한 예측 변수는 한 가지라도 가치 있는 기술이나 능력을 보유하는 것"이었다.[11]

자신에게 사회 활동을 하는 데 필요한 구체적인 능력이 있다는 믿음 그리고 대인 관계 능력이 있다는 믿음이 중요한 만큼, 반복적인 성취의 경험도 중요하다. 특히 어린 시절의 성취 경험은 자신감 혹은 자기 효능감의 기초로 작용한다. 어려서부터 반복적으로 성취를 경험했던 사람은 현재의 능력이 다소 부족한 경우에도 자신감이나 자기 효능감이 강한 편이다. 반면 현재 상당히 우수한 기술 기능을 지니고 있다 하더라도 과거에 성취 경험이 적은 경우, 자신감이나 자기 효능감이 부족할 수 있다. 상당수의 심리학자들이 어렸을 때 자신의 힘으로 무엇인가를 성취해본 경험이 꼭 필요하다고 강조하는 것은 이와 관련이 있다.

3부

가짜 자존감

VS.

진짜 자존감

많은 사람들이 가짜 자존감에 매달린다. ＿＿＿＿＿＿
성적이나 외모, 연봉 같은 조건에 연연한다. ＿＿＿＿＿
＿＿＿＿＿＿＿＿＿＿＿＿＿＿＿＿＿＿＿ 가짜 자존감을
맹목적으로 추구하지 않으려면 ＿＿＿＿＿＿＿＿＿＿
자존감이 무엇인지 정확히 파악해야 한다. ＿＿＿＿＿
＿＿＿＿＿＿＿＿＿＿＿＿＿＿＿ 돈이나 스펙 따위로는
자존감을 진정으로 확립할 수 없다는 ＿＿＿＿＿＿＿
사실부터 깨달아야 하는 것이다. ＿＿＿＿＿＿＿＿＿
자기 치유와 이웃과의 건강한 연대 역시 필요하다.

자존감을
조작하는 것이
가능할까?

일부 심리학자들은 자존감을 높이기 위해 스스로에게 자신의 가치가 높다고 반복해서 말하거나 거울에 비친 자신을 보면서 칭찬하라고 조언한다. 이런 조언처럼 가난한 사람이 매일 자신에게 "사실 나는 부자야. 잠깐 곤경에 처해 있을 뿐이야"라고 말해주는 것이 자존감을 높이는 데 효과가 있을까? 물론 없다. 자존감을 높이지 못해 고민하는 사람은 없을지도 모른다. 그러나 그런 방법으로는 진짜 자존감을 얻을 수 없다. 자존감은 주관적인 자기개념이나 평가의 산물이 아니라, 객관적인 근거와 경험에서 비롯된 자기개념과 객관적인 기준에 따른 자기평가에 의해 결정되는 것이기 때문이다.

자존감이 객관적인 자기개념과 평가를 토대로 만들어진다니 무슨 의미일까? 여기서 자존감의 객관성이란 자존감이 단순한 주관적 믿음에 기초하는 것이 아닌 객관적 근거를 가지고 있는 것임을 말한다.

객관적인 근거나 기준이 없는 조건에서 주관적인 자기개념이나 평가를 바꾸는 것이 자존감 향상에 별 효과가 없다는 것은 여러 연구에서 증명되었다.

어떤 모임에 참여한 참석자들은 0(최악)부터 10(최고)까지의 숫자 중에서 하나를 골라 자신의 자존감 수준에 등급을 매기도록 지시받았다. 이들은 대부분 4~6 사이(특별히 좋지도 않지만 그렇다고 특별히 나쁘지도 않은 수준)로 자기 등급을 매겼다. 그러자 (이미 최신 유행하는 심리 치료 자료들을 읽어준) 외부 강사는 그들 모두가 자기의 등급을 10으로 매겼어야 했다고 단언했다. 그는 그들이 하나같이 완벽하며 단지 자존감이 결핍되었을 뿐이라고 했다.

그런데 주관적으로 평가를 수정하려 한 외부 강사의 행동은 참가자들 사이에서 흥미로운 반응을 불러일으켰다. 그들은 자신들의 자기평가가 정확하고, 강사의 평가는 터무니없는 낙관론이며 망상이라고 생각했다.[12] 이 연구 결과는 주관적으로 자기를 좋게 평가하는 방식이 자존감 향상에 별 도움이 되지 않으며, 사람들은 오히려 그런 시도에 반감을 품고 저항한다는 것을 보여준다.

● 자기개념을 조작하는 것은 심리 치료가 아니다

객관성이 없는 주관적인 평가가 자존감에 도움이 되지 않는다는 것은 칭찬에 관한 연구에 의해서도 뒷받침된다. 한때 '칭찬은 고래도 춤추게 한다'며 무조건 칭찬해주는 것이 좋다고 말하던 시절도 있었다. 그러나 '부적절한 칭찬은 부적절한 비난만큼이나 자존감에 해롭다'[13]는 말이 보여주듯, 칭찬에 관한 연구들은 주관적 칭찬이 오히려 역효과를 불러올 수 있음을 증명한다.

물론 객관적인 근거가 있는 칭찬, 구체적이고 적절한 칭찬은 자존감 향상에 도움이 된다. 그러나 숫자로 비유하자면 어떤 것을 100만큼 잘했을 경우 그 일에 관해 110~120 정도로 칭찬하는 것까지는 괜찮지만, 200만큼 칭찬하거나 그 일과 관련이 없는 부분까지 칭찬하는 것은 자존감 향상에 도움이 되지 않는다. 칭찬이 아니라 꾸짖을 때에도 이와 동일한 원칙이 지켜져야 한다. 즉 누군가를 나무랄 때에도 그 사람 자체가 아니라 그의 구체적인 행동을 꾸짖어야 그에게 도움이 될 수 있다.

어린 시절에 자존감의 기초가 잘 닦이지 않은 사람은 대체로 자기개념이 왜곡되어 있고 자신의 가치를 과소평가하며, 자기에 대한 감정이 상당히 악화된 경우가 많다. 이런 경우 자기개념을 수정하기 위해서 스스로를 객관적으로 돌아보고, 자신의 장점을 찾아 긍정적으로 평가하는 등 자기에 대한 부정적인 감정을 해소하기 위해 노력하는 과정이 필요하다. 이는 분명 튼튼하지 않은 자존감의 기초를 정상화하는 데 도움이 된다.

심리 치료는 자기개념이나 평가를 주관적으로 왜곡하는 것과는 거리가 멀다. 그것은 오히려 자기개념의 주관적인 왜곡과 자신의 가치에 대한 과도한 저평가를 객관적인 사실과 기준에 따라 정상화, 객관화시키는 것이기 때문이다. 예를 들어 심리 치료는 키가 175센티미터가 넘는 사람이 키가 작다는 자기개념을 가지고 있으면 그것을 키가 보통이거나 큰 편이라는 자기개념으로 정상화시키는 것에 가깝다. '내가 세상에서 제일 크다'는 식으로 자기개념을 조작하는 것은 절대 아니다.

현재 다수의 심리 치료들은 자존감의 기초를 복원하여 정상화하는 데는 효과가 있지만, 자존감을 향상시키기 위해서는 그 이상이 필요하다. 자존감의 객관성을 고려해볼 때, 자기개념이나 평가의 정상화, '나는 부모에게 사랑받아 마땅한 아이였어'라는 생각만으로는 자존감을 확립하고 높이는 것, 즉 '나는 사회적 가치가 높은 존중받아 마땅한 사람이야'라는 생각으로 전환하는 것이 불가능하기 때문이다.

그렇다면 올바른 자존감 회복은 어떻게 가능한 것일까? 이를 논의하기 전에 우리가 반드시 짚고 넘어가야 할 것이 있다. 바로 '가짜 자존감'이다.

일시적이고
불안정한 쾌감

한국처럼 돈을 기준 삼아 사람의 가치를 평가하는 병든 사회에서는 대다수의 사람들이 자존감의 손상을 피할 수 없다. 한국인들은 자존감을 높이려면 돈을 많이 벌어서 남들한테 높은 평가를 받아야 한다고 믿는 경향이 강한데, 평범한 절대다수는 아무리 발버둥을 쳐도 부자가 될 수 없는 곳이 바로 한국이기 때문이다.

그렇다면 한국에서 돈을 많이 번 사람, 사회적으로 성공한 사람의 자존감은 자연스럽게 높아질까? 그렇지 않다. 일부 심리학자들은 이런 경우에도 자존감이 높아질 수 있다고 주장하는데, 돈을 많이 벌어서 높아지는 자존감은 이른바 가짜 자존감이다.

● 돈을 많이 벌면 높아지는 '가짜 자존감'

'가짜 자존감(pseudo self-esteem)'이란 실제로는 자신의 사회적 가치가 높지 않음에도 불구하고 그것을 높게 평가하는 것에서 비롯되는 일시적이고 불안정한 쾌감이라고 정의할 수 있다. 돈이 많다는 것은 사회적 가치와는 아무 상관이 없다. 돈은 마약을 팔든 나라를 팔든 많이 벌 수 있기 때문이다. 따라서 사회적 쓸모나 기여도와 아무 상관없는 돈을 기준 삼아 자신의 가치를 높이 평가하는 것은 모래 위에 집을 짓는 것과 마찬가지다. 브랜든은 이를 '실체가 없는 자기 효능감과 자기존중의 환영'이라고 표현하기도 했다.

가짜 자존감은 진정한 자기 효능감과 자기존중과는 관련 없는 가치를 토대로 삼는다. (…) 효과도 없고 가능하지도 않은 수단으로 자존감을 추구하려는 경우도 많다. (…) 인기, 재산, 성적 편력에서 자존감을 구한다. (…) 영향력 있는 동호회, 교회, 정당에 속하는 것을 중요하게 생각한다.[14]

돈 많은 부자나 성공한 연예인이 모두 자존감이 높다면, 그들은 자살과는 거리가 멀어야 할 것이다. 그러나 현실에서는 부자나 유명 연예인도 자살하는 경우가 빈번하다. 오히려 평범한 사람들보다 자살률이 더 높다. 일부 남성들은 여성을 성적으로 정복하면서 자신의 가치를 확인하려고 한다. 하지만 그런 짓이 자존감에 전혀 도움이 되지 않는다는 것은 여성 편력이 심하거나 성적으로 문란한 남성, 나아가 성범죄자의 자존감이 형편없이 낮다는 것을 통해 분명히 드러난다. 주류 사회 집단에 소속되는 것 역시 마찬가지다. 한국에서 주류 사회 집단은 돈과 성공의 상징일지 모르지만, 사회적 쓸모가 높은 집단, 사회 구성원들에게 진심으로 존경받는 집단은 될 수 없다. 따라서 주류 사회 집단에 소속되는 것이 가짜 자존감은 갖게 해줄지 몰라도 진짜 자존감 확립에는 도움이 안 된다.

가짜 자존감은 곧 낮은 자존감이므로 가짜 자존감을 가지고 있는 사람은 자존감이 낮은 사람과 동일한 특징들을 공유한다. 이에 대해서 세 가지만 살펴보겠다.

과시와 우월

자존감이 높은 사람은 내가 남들보다 낫다는 것을 과시하지 않으며, 내가 남들보다 낫다고 해서 우월감을 느끼는 법도 없다. 자존감은 무력감이나 타인과의 우열과는 인연이 없기 때문이다. 반면 가짜 자존감을 가지고 있는 사람은 사실상 자존감이 낮으므로 과시 충동이 심하며, 자신을 남들과 비교하면서 우월감에 도취된다. 따라서 누군가의 자존감이 진짜인가 가짜인가를 확인하려면 그가 과시적인지, 혹은 남들보다 잘났다고 우쭐대는지를 보면 된다.

지배와 통제

자존감이 높은 사람은 자기는 물론이고 타인도 사랑과 존중으로 대한다. 따라서 그에게서는 타인을 지배하거나 통제하려는 성향을 발견할 수 없다. 반면 가짜 자존감을 가진 자존감 낮은 사람은 타인을 계속 지배하고 통제하려고 한다. 가짜 자존감을 가지고 있는 사람은, 적어도 무의식 깊은 곳에서는, 자신이 보잘 것 없는 사람이라고 믿고 있어서 타인에게 버림받을지도 모른다는 만성적인 불안에 시달린다. 따라서 그는 타인이 자신에게서 떠나가지 못하도록, 혹은 자신을 버릴 수 없도록 만들기 위해 그를 지속적으로 지배하고 통제하려 한다. 뒤에서 살펴볼 나르시시스트를 대표적인 예로 들 수 있다.

계속적인 확인

자존감은 쉽게 변하는 것이 아니다. 이미 자신이 가치 있는 존재라고 확신하는 사람은 이런 사실을 계속해서 확인할 필요가 없다. 따라서 타인들의 평가에 그다지 연연하지 않는다. 반면 가짜 자존감을 가지고 있는 사람은 의식 차원에서는 자존감이 높다고 믿더라도, 무의식적으로는 자신이 가치 없는 존재라고 생각한다. 이것은 심각한 불안을 불러일으키기 때문에 그는 계속해서 확인을 필요로 한다. 그래서 끊임없이 자신의 가치를 증명하려고 애쓰며, 과도하게 그리고 지속적으로 타인들의 평가를 원한다. 마치 백설공주의 왕비처럼 날이면 날마다 거울한테 "내가 세상에서 제일 예쁘지?"라고 물어보고는 "그렇다"는 대답을 들어야만 비로소 안심하는 것이다. 거울이 단 한 번이라도 "아니오"라고 대답하면 왕비의 자존감이 즉시 산산조각 나듯이, 가짜 자존감을 가지고 있는 사람은 사소한 악평이나 시련에도 쉽게 무너진다.

얼마 전에 칭송이 자자하던 유능한 기업가가 자살을 해서 사람들을 충격에 빠뜨린 일이 있었다. 그를 알던 사람들은 대부분 그가 자존감이 높다고 기억했지만, 그의 자존감은 가짜 자존감이었을 가능성이 높다. 가짜 자존감을 진짜 자존감으로 착각한 채 살아가는 사람들의 비극은 그들이 고층 빌딩 위의 난간을 아슬아슬하게 걷고 있다는 사실을 모른다는 데 있다. 평지를 걷고 있어야 할 사람이 고층 빌딩 꼭대기를 걷는다면, 발을 헛디디는 단 한 번의 실수라도 치명적인 결과로 이어질 수 있다.

가짜 자존감은 진짜가 아니므로 당연히 정신 건강과 행복에 도움이 되지 않는다. 더욱이 그것은 자존감을 자신이 통제할 수 없게끔 만든다. 내면 속에 확립된 나의 가치와 능력에 대한 굳건한 신뢰가 아닌 사회가 높이 평가하는 가짜 기준들에 전적으로 의존한다. 따라서 가짜 자존감은 그런 기준들이 바뀌거나 자신이 더 이상 그 기준을 충족시키지 못하는 상황이 되면 가짜 자존감은 급격히 붕괴된다. 타인들의 평가나 경제 상황과 같은 외부 요인에 의해 좌지우지되기 때문에 정작 당사자는 그것을 통제할 수 없는 것이다. 이처럼 가짜 자존감은 나의 통제권 밖에 있는 데다 매우 변덕스럽다.

가짜 자존감
권하는 사회

한국인들이 심각한 자존감 손상을 경험한다는 사실은 여러 사회 현상에서 공통적으로 나타나는 자기불신과 무력감으로 확인할 수 있다. 그런데 우리 사회는 이들에게 해결책을 주기는커녕 도리어 가짜 자존감을 권하고 있는 것이 아닌가 싶다. 앞서 이야기했듯 개개인의 자존감 문제는 단순한 심리적 위안으로 해결되지 않는다. 피상적으로는 해결책이 될지 몰라도 진정한 대안은 되기 어렵다. 오히려 자기불신과 무기력, 이로 인한 불안을 더욱 증폭시키기 쉽다. 1980년대는 물론이고 90년대 초중반까지만 해도, 주변 사람들에게 사회 개혁의 필요성을 설득력 있게 이야기하면 대부분이 긍정적인 반응을 보였다. 그러나 2000년대 이후부터는 같은 이야기를 해도 이렇게 반응하는 이들이 부쩍 많아졌다.

"그런다고 뭐가 바뀌겠어요?"

자존감이 낮다는 것은 곧 자기능력을 믿지 못한다는 것을 의미한다. 사람이 자기를 믿지 못하면 불의를 보더라도 저항할 수 없고 희망을 보더라도 잡을 수 없게 된다. 그런데 안타깝게도 수많은 한국인들이 성장 과정에서 자기능력에 대한 불신을 키우는 데 익숙해진다.

어려서는 사교육에, 청소년기에는 입시 공부에 짓눌려 살아왔는데 대학생이 되어서도 여전히 취업문을 통과하기 위해 헐떡거려야 하지 않는가. 더구나 오늘날의 한국에서 대학에 입학하는 것은 더 이상 기쁨도 아니고 고통에서의 해방도 아니다. 이런 삶은 자존감을 계속 저하시키고 낮은 자존감은 무력감과 자기불신을 심화시킨다. 그 결과 가짜 자존감을 부추기는 사회에 대한 저항은 더욱 요원해진다.

자존감이 심각하게 손상되고 있고 그 주요한 원인이 병든 사회에 있다는 걸 알면서도, 현 상황을 자신의 힘으로 타개할 수 없다고 믿는 것은 너무나도 고통스럽다. 그렇기 때문에 자신의 힘을 믿지 못하는 자존감 낮은 사람은 잘못된 현실을 변혁하기보다는 저항 의지를 완전히 상실한 채 묵묵히 현실에 순응하거나 자기를 구원해줄 누군가에게 광적으로 매달린다. 주변에서 그런 사례를 어렵지 않게 찾아볼 수 있다. 이를테면 힘없는 보통 사람들을 구원해주는 만화 속 영웅들이 등장하는 할리우드 영화들이 계속 인기를 끄는 것, 유명인이나 정치인에 대한 지지자들 중 상당수가 이성적이기보다 광신적인 지지 성향을 보이는 것 등이 낮은 자존감과 직결되는 무력감, 자기불신과 관련된 현상이다.

낮은 자존감과 무력감은 또한 세상과 사람에 대한 공포와 불안을 증폭시키기 마련이다. 자신이 무가치하며 무능하다고 믿는 사람이 경쟁적인 사회, 관계가 악화되어 있는 사회에서 살아갈 경우 그는 필연적으로 세상과 타인들을 불신하고 경계하며 두려워하게 된다. 한국 사회에서 많은 사람들이 타인의 의도를 의심부터 하고, 정부 발표를 일단은 불신하며, 범죄나 사고 등의 희생양이 될까 봐 두려워하는 것 또한 이런 현상과 관련이 있다.

● 힘에 대한 잘못된 갈망을 버려야 하는 이유

가짜 자존감은 대개 자신의 사회적 가치를 확인하기 위해 힘을 얻으려는 욕구와도 관련된다. 마찬가지로 낮은 자존감이 초래하는 무력감은 힘에 대한 갈망으로 이어진다. 그런데 이 갈망이 약자를 향할 경우 힘을 과시하려는 경향으로 터져나온다. 이것은 한국 사회에서 나날이 심해지고 있는 약자를 혐오하고 공격하는 현상이 자존감 손상과 밀접한 관련이 있음을 의미한다. 사회적 존재인 사람에게 단지 주먹만이 힘을 의미하지 않는다. 자존감 낮은 사람은 물리적 힘만이 아니라 자신이 지배층에 소속되어 있음을 보여주는 각종 징표들, 학력이나 사회적 지위처럼 자기를 과시할 수 있는 것들 역시 힘으로 간주한다. 그래서 이런 것들을 등에 업고 힘없는 약자들을 공격한다.

약자를 대상으로 힘을 과시하도록 부추기는 원인이 무력감이라는 것은 힘을 과시하는 자들이 강자 앞에서는 놀라울 정도로 비굴하다는 사실을 통해서 쉽게 확인할 수 있다. 자기에게 진짜로 강한 힘이 있고 그것을 주체하지 못해서 과시하는 것이라면, 상대가 누구든 일관되게 과시할 것이다. 그런데 힘을 과시하는 자들은 백이면 백 강자 앞에서는 쪽도 못 쓴다. 아니, 오히려 온갖 비굴한 짓을 다해가며 강자를 등에 업으려고 기를 쓴다. 일베 현상은 박근혜 정권에서 절정에 달했는데, 일베에 소속되어 있는 이들을 살펴보면 대부분 사회적으로 긍정적인 가치 평가를 받지 못하는 외톨이임을 알 수 있다. 즉 그들 대부분이 자존감이 낮은 사람들인 것이다.

일베는 당시 강자였던 박근혜 정권은 절대로 비판하지 않았다. 정권의 힘을 뒷배 삼아 오직 약자만을 공격했다. 그러나 박근혜가 탄핵되고 문재인 정권이 탄생하자 겁에 질린 일베 소속원들이 자기가 썼던 게시물들을 삭제하고 운영진에게 탈퇴를 요청하느라 난리를 피웠다. 이것은 일베 소속원들의 힘 과시와 약자 공격이 거꾸로 무력함의 표현이라는 사실을 명확히 보여준다. 새누리당 전 대표 김무성이 약한 사람들에게는 무례하게 구는 반면, 미군 장군을 만나면 업어주고, 미국 정치인들에게 큰절을 올리는 따위의 비굴한 짓을 마다하지 않았던 것도 하나의 예이다.

온갖 혐오주의자들 역시 마찬가지다. 이들은 혐오 대상에 대해서는 극도로 잔인하게 굴면서도, 정작 강한 권력이나 주류 세력은 거의 비판하지 않는다. 힘의 과시가 자존감 손상이 초래하는 무력감에서 비롯된다는 사실을 시사하는 것이다.

● 진정한 존중에는 겉치레가 필요 없다

　　무력감과 정반대로 낮은 자존감 문제를 해결하려고 할 때 나타나는 현상이 하나 있다. 바로 존중받기 위한 도구에 집착하는 것이다. 많은 사람들이 이런 도구를 획득하면 자존감이 높아질 수 있을 거라고 착각한다. 이 또한 결국 가짜 자존감에 불과하다. 안타깝게도 오늘날의 한국인들은 대부분 존중받기 위한 도구를 획득하는 데 필사적으로 매달리고 있다. 이들에게 존중받기 위한 도구란 한국 사회에서 높은 평가를 받는 것들이 될 수밖에 없다. 예를 들면 학생의 경우에는 성적, 여성의 경우에는 외모, 직장인의 경우에는 연봉이 존중받기 위한 대표적인 도구라고 할 수 있다. 물론 명품, 외제차, 학력, 사회적 지위 등도 이러한 도구로 간주된다.

　　요즈음의 젊은이들은 각종 스펙을 쌓고 자격증을 따는 데 열심이다. 스펙 쌓기가 취업 준비생들의 필수 코스이기라도 한 것처럼 당연한 과정이 되어버렸다. 하지만 스펙에 집착하는 건 취업 준비생들만이 아니다. 직장인이든 아니든, 성공했든 아니든 우리는 누구나 더 좋은 스펙으로 자신을 겉치장하는 데 관심을 둔다. 가령 전월세를 살면서 무리하게 외제차를 구입했다가 카푸어로 전락하는 것처럼 많은 사람들이 돈과 재산 같은 소유물에 집착한다. 돈을 많이 벌었다고 해서 스펙에서 해방되는 것도 아니다. 부동산을 사거나 비싼 명품, 값비싼 그림 등을 소유하고, 국회의원, 방송인 같은 사회적 지위나 명예, 인기를 얻으려고 발버둥 치기도 한다. 이처럼 가짜 자존감의 도구를 획득하기 위한 필사적인 몸부림은 밑 빠진 독에 물 붓기처럼 죽는 순간까지 계속될 수밖에 없다.

가짜 자존감을 향한 맹목적인 질주를 멈추려면 자존감이 무엇인지부터 정확히 파악해야 한다. 즉 돈이나 스펙 따위로는 자존감을 진정으로 확립하거나 향상시킬 수 없다는 사실부터 깨달아야 하는 것이다. 자존감이 무엇인지 정확히 이해했다면 자기 치유를 통해 손상된 자존감을 어루만져주고 자존감을 실질적으로 높일 수 있는 활동을 시작하며, 그 과정에서 건강한 이웃들과 연대해야 한다.

진짜 자존감은
나를 어떻게
지켜주는가

진짜 자존감은 무엇일까? 지금부터는 진짜 자존감이 우리의 마음에 어떤 힘을 불어넣는지 살펴보도록 하자. 한국에서 오늘날 목격할 수 있는 수많은 사례들이 보여주듯이 개인적인 차원과 사회적인 차원에서 자존감, 즉 자기존중의 욕구는 무엇보다 중요하다. 이는 인간의 기본 욕구이기 때문에 얼마나 충족되는가에 따라 사람의 정신 건강과 삶의 질, 행복 등에 결정적인 영향을 미친다.

이는 일종의 순환 작용과도 같다. 자기존중의 욕구가 원만히 충족되면 자존감은 높아지지만, 제대로 충족되지 않으면 자존감이 낮아진다. 자존감이 높아지면 권리 주장을 포함하여 자기주장을 하는 것이 어렵지 않게 되고, 마침내 부적절한 외부 환경으로부터 스스로를 보호할 수 있다. 또한 비판을 수용하여 반성하고, 활동적이고 개방적이며, 창의성이 높고 긍정적인 사고를 한다.[15]

반면 자존감이 낮으면 타인의 시선을 지나치게 의식하고 대인 관계에서 전반적으로 자신이 없어서 사회적 장면에서 위축되며, 매사 수동적이다. 특히 자신의 부적절함을 항상 의식한다. 내가 못난 사람이라서 이 사람, 이 자리에 어울리지 않는다는 일종의 자격지심 혹은 자신이 현재의 사회적 장면에서 정상적인 역할이나 기능을 수행하지 못하여 타인들을 실망시킬 것이라는 대인 관계에서의 불안이 심한 것이다. 또한 열등감이나 자기혐오가 심해서 저항이나 자기주장을 거의 하지 못하며, 방어적이고 폐쇄적인 태도로 외부 세계를 대하고 부정적인 사고를 한다.[16] 이 외에도 긍정적인 것은 자존감 높은 사람에게, 부정적인 것은 자존감 낮은 사람에게 갖다 붙여도 무방할 정도로 자존감은 중요한 역할을 한다.

누군가가 지나치게 자신 없어 하거나 비굴한 행동을 하면 사람들은 흔히 그를 이렇게 나무란다. "너는 자존심도 없냐?" 이런 비판은 자존감의 역할을 정확하게 지적한 것이라 할 수 있다. 자존감이야말로 사람이 불의나 부당함에 굴하지 않고 당당하게 살게끔 만들어주는 결정적인 힘의 원천이기 때문이다.

● 마음의 힘을 갖추지 못할 때 일어나는 일들

그런데 이런 진짜 자존감이 손상되면 어떤 일이 벌어질까? 낮은 자존감이 우리 마음에 부정적인 연쇄 작용을 일으키면서 문제가 생긴다. 자존감이 손상되면 사람은 반사적으로 방어를 시도한다. 이때 자존감 손상을 방어하려는 노력이 건강하면 문제가 없겠지만, 그렇지 못할 경우에는 병적인 욕구가 유발된다. 안타깝지만 자존감이 낮은 사람이 건강한 방어 전략을 구사하기는 힘들기 때문에 이런 시도는 병적인 2차 욕구로 연결되는 것이 일반적이다.

극단적인 사례지만, 고독감에 시달리던 사람이 자살을 시도했다고 가정해보자. 다행히 큰 사고로 이어지지 않았고 입원해 있는 동안 주변 사람들이 찾아와서 그를 둘러싸고 눈물을 흘리며 위로해준다. 평소에는 먹을 수 없던 맛있는 음식이며 선물까지 잔뜩 싸들고 온다. 처음에 그는 그저 관심을 받고 싶을 뿐이었지만, 병문안을 받는 것이 너무 좋은 나머지 계속 입원하기를 원하게 된다. 결국 그는 병에 걸릴 짓만 골라서 하게 되고 점차 자학적인 행동에 중독된다.

이런 식으로 원래의 욕구를 방어하거나 회피하기 위해서 건강하지 않은 방식이나 행동을 반복하다가는 원래의 욕구가 아닌 다른 병적인 욕구에 얽매이게 될 수 있다. 프로이트가 언급했던, 질병의 2차적 이익이란 바로 이와 유사한 상황을 두고 한 말이다. 그렇다면 우리 마음에 힘을 부여해주는 자존감이 낮을 때, 어떤 병적인 욕구가 생겨날까?

방어 욕구 "사람들이 날 좋아해줄 리 없어."

자존감의 수준을 가장 적나라하게 보여주는 것은 아마도 세상을 대하는 태도일 것이다. 세상에 대한 태도는 크게 개방적인 태도(세상이 좋다)와 방어적인 태도(세상이 싫다)로 나뉜다. 세상을 개방적으로 대하는 사람은 문을 활짝 열어놓고, 밖에서 오는 신호를 우호적으로 대한다. 반면에 세상을 방어적으로 대하는 사람은 문을 꽁꽁 걸어 잠근 채, 밖에서 오는 신호에 신경질적인 반응을 보인다.

자존감이 높은 사람은 이미 세상과 우호적인 관계를 맺어본 적이 있다고 가정해도 무방하다. 어려서는 부모나 주위 어른들로부터 건강한 사랑을 받았고, 이후에도 사회생활을 하면서 이런저런 인정과 긍정적인 평가를 받아본 경험이 있을 것이다. 이런 경험 덕분에 세계를 우호적으로 바라보며 개방적인 태도로 대할 수 있는 것이다. 또한 자기가치를 높이 평가하며 자신의 힘을 신뢰하기 때문에 세상을 두려워하지 않을 수 있다.

이와 달리 자존감이 낮은 사람은 세상과 적대적인 관계를 맺어본 경험이 더 많았다고 가정해도 무방하다. 어려서는 부모나 주위 어른들로부터 건강한 사랑을 받지 못했고, 이후에도 사회생활을 하면서 긍정적 피드백보다는 상처를 받은 경험이 더 많을 것이다. 이로 인해 세계를 적대적으로 바라보며 방어적인 태도로 대하기 쉽다. 이들은 자기를 무가치하다고 평가하고 스스로의 힘을 불신하기 때문에 세상을 두려워한다. 따라서 세상을 향해 폐쇄적인 태도를 보이며, 외부의 자극에 공격적으로 반응하기 쉽다.

낮은 자존감은 무엇보다 방어 욕구와 한통속이다. 따라서 누군가의 자존감 수준을 알고 싶다면 그가 타인의 칭찬이나 비판을 어떤 자세로 받아들이는지를 관찰할 필요가 있다. 예를 들어 자존감이 높은 사람은 칭찬을 받으면 자연스러운 표정과 몸짓으로 "고맙습니다"라고 인사한다. 남들이 비판을 해도 열린 태도로 받아들이고 자신의 실수를 편안하게 인정하면서 반성한다.

그러나 자존감이 낮은 사람은 남들이 칭찬을 해주면 어색한 표정을 지으면서 어쩔 줄 몰라 하거나 "설마 그럴 리가요?"라고 말하며 평가를 거부한다. 남들이 비판을 하면 얼굴이 벌겋게 상기되어 벌컥 화를 내거나 혹은 지나치게 의기소침해진다. 실수를 인정하지 않거나 반성을 회피하는 경향도 있다. 물론 자존감이 낮지만 사교성은 세련된 일부의 경우는 다르다. 이들은 비판을 받으면 겉으로는 인정하지만, 뒤돌아서서 칼을 갈거나 자책으로 날밤을 새운다.

의존 욕구 "기댈 사람이 필요해."

자존감이 낮은 사람은 '나에게는 능력이 없다'는 신념, 쉽게 말해 '나에게는 힘이 없다'는 확신을 갖는다. 자신의 힘을 불신하는 사람은 스스로 삶이나 운명을 통제할 수 없다고 생각하며 그런 상황을 아주 두려워한다. 그 결과 강한 의존 욕구가 유발된다. 강한 힘에 적극적으로 의존하여 생존을 도모하는 것이다.

이를테면 박근혜가 최태민에게 과도하게 의존하고 이후에는 그의 딸인 최순실에게 의존했던 것도 하나의 예가 된다. 박근혜는 세상과 사람에 대한 공포가 극심한 심리를 가지고 있다. 이런 사람은 생존을 위해 누군가에게 의존하기 쉬운데, 대인 불신이 심한 만큼 의존 대상은 극소수일 수밖에 없다. 어머니의 사망으로 박근혜의 공포가 수직 상승할 때 최태민이 교묘히 접근했고, 박근혜가 그에게 의존하면서 장기간에 걸쳐 최태민 부녀와의 심리적 유착 관계가 형성된 것이다. 결국 이런 의존 관계는 그녀의 자존감이 바닥을 기고 있었음을 보여주는 뚜렷한 증거라 할 수 있다.

인정 욕구 "다른 사람에게 인정받지 않으면 안 돼."

자존감이 높은 사람은 나 자신을 존중한다. 스스로를 존중하면 타인의 인정이나 존중에 그다지 연연하지 않는다. 반면 자존감이 낮은 사람은 나 자신을 존중하지 못한다. 따라서 타인의 인정과 존중이 절대적으로 중요하며, 타인으로부터 인정받아야만 한다는 절박한 욕구에 사로잡힌다. 병적인 인정 욕구는 착한 아이가 되려는 욕구, 권력욕이나 명예욕, 돈에 대한 욕망 등으로 다양하게 모습을 바꿔 나타날 수 있다.

과시 욕구 "무능력자로 보이기 싫으니까."

앞서 말했듯 자존감이 높다는 것은 자신의 가치를 높이 평가한다는 의미이기도 하다. 이런 사람은 자신이 가치 있는 존재라는 것을 남들한테 굳이 증명할 필요가 없다. 과시 욕구에서 자유로운 것이다.

반대로 자존감이 낮으면 자신의 가치를 낮게 평가하기 쉽다. 이런 경우 스스로에게 자신의 가치가 높다고 거짓말하면서 속이려 들거나 그런 거짓말을 진짜라고 착각하며 살 수도 있다. 하지만 무의식적으로는 자신이 형편없다는 사실을 알고 있기 때문에 그것을 남에게 들킬까 봐, 자기가 확인하게 될까 봐 노심초사한다. 이로부터 그는 자신의 가치를 증명해줄 만한 것들을 과시하는 데 목을 맨다.

자존감이 낮다는 것은 자신을 무능력자로 보는 것과도 관련이 있다. 낮은 가치 평가에는 필수적으로 능력이 없다는 평가가 포함되기 때문이다. 나한테 능력이 없다, 즉 힘이 없다고 믿는 사람은 힘을 갈망하기 마련이다. 힘에 대한 갈망은 통상적으로 강자에 빌붙어 약자를 대상으로 힘을 과시하는 방식으로 표출된다. 심리학에서는 힘을 과시하기 위해 강자에게 빌붙어 약자를 공격하는 성격을 '권위주의적 성격[17]'이라고 정의한다. 아이러니하게도 자존감이 낮은 사람은 그 누구보다 권위주의적 성격이 될 가능성이 높다.

자신을 가치 없는 존재, 무능력한 존재로 여기는 사람일수록 거대한 권위를 등에 업고 약자를 공격하는 행위에 몰두한다. 극우 보수 단체에 참여하는 노인들을 조사한 자료를 보면 그들은 대부분이 집에서도, 사회에서도 존재감 없이 살거나 고립되어 있었다. 이런 무력한 노인들이 박근혜 정권을 등에 업고 군복을 입게 되면 약자들을 난폭하게 공격하는 테러 집단으로 변신한다. 일베 역시 마찬가지다.

한국에 광신도 같은 '빠' 현상이 우심한 것 역시 한국인들의 자존감이 많이 손상되어 있음을 간접적으로 증명해주고 있다. 이런 '빠'들은 공정성을 상실한 채 자신이 지지하는 사람을 무조건적으로 옹호한다. 건강한 부모가 잘못을 범한 자식을 꾸중하듯이, 누군가를 정말로 사랑하고 지지한다면 그가 잘못했을 때에는 따끔한 질책을 가해야 마땅하다. 그러나 누군가를 사랑하고 지지하는 것이 아니라 그에게 의존하는 사람, 혹은 주체성을 상실하여 그와 자신을 동일시하는 사람은 비판이나 질책을 하지 못한다. 그에게서 미움을 받을까 봐 두려워하거나 그에 대한 비판을 곧 자신에 대한 비판으로 간주하기 때문이다. 이런 점에서 이성적이고 합리적인 지지가 아닌 맹목적인 지지 현상은 자존감 낮은 사람들의 전형적인 특징이라고 할 수 있다.

승리 욕구 "반드시 이겨서 날 증명해야 해."

자존감이 높으면 승패에 그다지 연연하지 않는다. 설사 패한다고 해서 자기개념이나 평가가 바뀐다고 믿지 않기 때문이다. 반대로 자존감이 낮을수록 승패에 집착한다. 승리를 남들에게 인정받는 수단 혹은 자기를 과시하는 수단으로 간주하는 것이다. 패배는 자신의 무가치함, 열등함, 무력함이 만천하에 폭로되는 것이므로 절대로 용납할 수 없다. 이로 인해 자존감이 손상된 경우 지독한 승리 욕구의 포로가 되기 쉽다. 물론 승패를 다투는 상황 자체를 피하는 경우도 많은데, 그렇다고 승패에 초연한 것은 결코 아니다. 단지 승리할 자신이 없고, 패배가 두려워 회피할 뿐이다.

자존감이 낮아서 과도한 승리 욕구를 갖게 된 사람을 포함해 강박적으로 승리에 집착하고 과도하게 패배를 두려워하는 사람은 완벽주의자가 될 가능성이 크다.

병적인 통제 욕구 "버림받지 않으려면 뭐든 해야 해."

자유의 욕구라고도 할 수 있는 통제 욕구는 인간의 기본 욕구다. 간단히 말해 통제 욕구란 자기의 인생과 운명을 스스로 통제하려는 욕구라고 정의할 수 있다. 내가 나의 정신과 몸, 나의 환경, 나의 인생을 통제할 수 없다면 그 이상 괴로운 일은 아마 없을 것이다. 하지만 통제 욕구는 구속이나 예속을 허용하지 않고 내가 나의 주인으로서 살아가고자 하는 것이지, 타인을 지배하거나 통제하려는 병적인 욕망과는 아무 상관이 없다. 그런데 병적인 통제 욕구란 나의 이익을 위해 타인을 지배하고 조종하려는 욕구이다. '병적인'이라는 수식어를 붙이는 것은 정상적인 통제 욕구와 전혀 다르기 때문이다.

자존감이 낮은 사람은 스스로 무가치한 존재라고 믿는 경향이 있다. 이런 믿음은 '가까운 사람으로부터 버림받을지도 모른다', 혹은 '반드시 버림받을 것이다'라는 두려움을 야기한다. 사실 버림받는다는 말 자체가 스스로를 홀로 설 수 없는 존재로 여기고 있음을 의미한다. 사람과 사람 사이의 건강한 관계란 독립적인 두 주체가 서로 사랑을 주고받으며 도와주고 존중해주는 관계이지, 상대의 소유나 부담이 되는 관계가 아니다. 따라서 건강한 관계에서는 관계의 단절이나 이별은 있을 수 있지만 상대에게 버림받는 상황이란 원천적으로 불가능하다.

그런데 자존감이 낮으면 항상 노심초사하며 상대가 자기를 버리지 못하도록 무슨 짓이든 하려고 한다. 이때 방법은 크게 두 가지이다. 하나는 상대가 해달라는 대로 해주면서 비위를 맞추는 것이다. 돈을 빌려 달라면 사채를 얻어서라도 빌려주고, 따귀를 때리고 싶다고 말하면 뺨을 대주는 식으로 물불을 가리지 않는다.

다른 하나는 상대방을 꼼짝달싹도 못하도록 지배하고 통제하는 것이다. 상대를 완벽하게 지배하고 조종할 수 있다면, 그가 나를 버리지 못하게 예방할 수 있다는 헛된 무의식적 믿음은 상대의 모든 것을 완전히 통제하려는 행동으로 이어진다. 상대를 계속 비난하여 그의 자존감을 사정없이 깎아내리기도 한다. 상대가 나보다 더 자존감이 낮아지면 내가 버림받을 위험이 감소하기 때문이다.

현실 도피와 왜곡 욕구 "차라리 이민을 가는 게 낫겠어."

자존감이 높은 사람에게 현실은 보람찬 삶의 터전이 된다. 그는 현실에서 도피하거나 왜곡할 필요가 없다. 특히 부당한 현실에 맞서려는 사람에게 현실 왜곡은 사회 개혁을 그르치게 만드는 일종의 자해 행위일 뿐이다. 그러나 자존감이 낮은 사람에게 현실은 고통스러운 감옥과도 같다. 사회로부터 존중받을 수 없을 정도로 자신이 무가치하며 자기에게는 그런 상황을 바꿀 힘이 없다고 믿으면 현실은 감당하기 버겁게 느껴진다. 결국 감당하기 힘든 상황에서 도망치려는 현실 도피 욕구가 생긴다.

자존감이 높으면 상황이 어떻든 지금 여기에 발을 붙이고 부당한 현실과 맞서려는 의지를 끌어낼 수 있다. 자존감이 낮으면 어떨까? 툭하면 현실에서의 도피를 꿈꾸기 십상이다. 지금 회사는 별론데 다른 회사로 가는 게 낫지 않을까? 우리나라에서 이러고 사느니 해외로 이민을 가는 게 낫지 않을까? 차라리 세상과 인연을 끊고 깊은 산 속으로 들어가서 숨어 살까? 이렇게 현실을 두려워하여 끊임없는 은퇴 욕구, 은둔 욕구, 도피 욕구에 시달리는 것이다. 그러나 현실 도피는 상상처럼 쉬운 일이 아니다. 설사 외국으로 이민을 간들 단박에 모든 게 좋아질 거라는 보장은 없다.

현실 도피를 하고 싶은데 할 수 없는 상황이 지속되면 현실을 왜곡하려는 욕구가 촉발될 가능성이 커진다. 과대망상 환자들이 대부분 자존감이 매우 낮다는 사실은 현실 왜곡이 낮은 자존감을 방어하기 위해 등장하는 2차적 욕구임을 시사한다.

자기 파괴 욕구 "난 행복해질 자격이 없어."

자존감에는 자신의 가치에 대한 평가만이 아니라 자기에 대한 감정까지 포함된다. 자존감이 높으면 자기에 대해 긍정적인 감정을 느끼지만 반대의 경우 자기에 대해 부정적인 감정을 느낀다.

만일 어떤 사람을 상대할 때마다 심하게 짜증이 나거나 화가 난다면 어떻게 행동할까? 그를 공격하거나 쫓아버리고 싶을 것이다. 서서히 몰아붙일지도 모른다. 자기에 대한 감정이 나쁘면 내가 나를 대상으로 바로 이런 행동을 하게 된다. 즉, 낮은 자존감이 미운 나를 혼내주거나 파괴하고 싶은 욕구를 유발하는 것이다.

미운 놈이 잘되는 꼴은 보기 싫고, 미운 놈이 행복해하는 꼴은 더더욱 보기 싫다. 그렇기 때문에 자존감이 낮은 사람은 자신이 조금이라도 행복해지는 듯하면 곧바로 자신을 불행 쪽으로 몰아붙인다. 미국의 주류 심리학에서는 자존감 낮은 이들의 자기 파괴 욕구와 불행을 자초하는 경향을 '자기 충족적 예언(a self-fulfilling prophecy)' 이론으로 설명하기도 한다. 즉, 내가 나를 불행한 사람이라고 믿으면 불행해지는 일만 골라서 하게 되어 실제로 불행해진다는 것이다.

자기 충족적 예언을 처음으로 제창한 인물은 20세기 초에 활약했던 사회학자 윌리엄 토머스(William Thomas)이다. 이 이론에 의하면 사람은 객관적 상황에 반응하는 것이 아니라, 자신이 해석한 상황에 반응하기 마련이며 그러한 반응이 모이다 보면 해석한 그대로 상황이 전개된다. 어떤 은행이 실제로는 도산할 상황이 아니었지만, 그 은행이 도산할 것이라고 믿은 사람들이 앞다투어 돈을 인출해간 결과 정말로 도산하게 된 것을 예로 들 수 있다.

자기 파괴 욕구에 의한 것이든 자기 충족적 예언에 의한 것이든, 자존감이 낮은 사람의 자기개념, 자기평가, 자기감정 등이 그의 욕구(동기)나 목표, 기대 등에 상당한 악영향을 미쳐 스스로를 불행으로 밀어붙인다는 것만큼은 분명한 사실이다.

　지금까지 살펴보았던 것처럼 낮은 자존감은 내면에 비뚤어진 욕구를 일으키는 원인이 된다. 이런 욕구를 따르다 보면 자칫 가짜 자존감을 충족시키려는 시도를 하기 쉽다. 예를 들면 병적인 과시 욕구나 무력감 등은 돈과 권력을 갈망하게 만들 위험이 크다. 또한 자존감이 낮을수록 대체로 진짜 자존감이 무엇인지를 알지 못하고, 타인에 대한 의존도가 높다. 따라서 사람을 평가하는 사회적 통념을 무비판적으로 받아들여 돈을 많이 벌거나 출세를 하면 자존감을 높일 수 있을 거라고 막연하게 믿는 경향이 생긴다. 이것은 자존감이 낮은 사람일수록 자신의 정신 건강부터 시급히 회복시키고 진짜 자존감이 무엇인지를 정확하게 이해할 필요가 있음을 보여준다.

　자존감의 중요성을 이해하려면 낮은 자존감이 어떤 문제를 유발하는지에 대한 이해부터 출발할 필요가 있다. 그래야 낮은 자존감에서 하루라도 빨리 벗어나는 것이 왜 중요한지, 높은 자존감이 얼마나 중요한지를 절감할 수 있기 때문이다. 다음 장부터는 낮은 자존감이 일으키는 문제 현상을 살펴보고 이로부터 벗어날 수 있는 대안이 무엇인지, 어떻게 해야 자존감을 건강하게 지킬 수 있을지 살펴보게 될 것이다.

자존감이 맞을까, 자존심이 맞을까

한국어의 사용법을 기준으로 말하면, 자존감은 '자기를 존중하는 감정'이라고 해야 한다. 통상적으로 한국어에서는 지식, 동기, 감정 등이 복합되어 있는 마음을 지칭할 때에는 끝에 '심(心)'을 붙이고, 감정을 지칭할 때에는 끝에 '감(感)'을 붙이기 때문이다. 이에 따르면 자기를 존중하는 마음은 자존심으로, 자기를 존중하는 감정은 자존감으로 표현하는 것이 옳다. 즉, '자기개념에 기초한 자기가치에 대한 평가'라는 지식적 측면과 '자기에 대한 태도에 기초한 감정'이라는 감정적 측면을 모두 포함하는 개념으로는 자존감보다 자존심이 더 적합하다는 것이다. 그러나 예전부터 심리학 분야에서는 Self-esteem을 자존감으로 번역하여 사용해왔고, 그것이 대중화되었기 때문에 이 책에서는 편의상 '자신의 가치에 대한 평가에 기초하여 스스로를 존중하는 마음'을 자존심이 아니라 자존감으로 지칭할 것이다.

자존감의 양과 질은 어떻게 측정하는가

자존감과 관련된 논쟁 가운데 하나는 자존감의 '양과 질'이다. 앞서 나는 자존감의 정도를 표현할 때 낮은 자존감, 높은 자존감이라는 단어를 사용했다. 자존감은 양과 관련된 것이며 오르락내리락할 수 있다고 믿는 심리학자들은 자존감을 '아주 낮다, 조금 낮다, 낮다, 보통이다, 조금 높다, 아주 높다' 등으로 표현하기도 하고 0점부터 10점까지 점수로 측정하기도 한다. 반면 자존감이 양보다는 질과 관련된 것이라고 주장하는 심리학자들도 있다. 예를 들면 심리학자 알리스터 맥그래스(Alister Mcgrath)는 자존감을 질적인 측면에서 다루는 것이 더 유익할 수 있다고 제안한다.

> 자존감은 양이 아닌 질의 차원에서 생각해야 한다. (…) 자존감은 이분법적 개념으로 -온전한 것 아니면 손상된 것으로- 보는 것이 더 유익할 수 있다.[18]

자존감의 질을 더 중시하는 심리학자들은 '모 아니면 도' 식으로 자존감이 있으면 있는 것이고 없으면 없는 것이지, 자존감의 양은 그다지 중요하지 않다고 주장하기도 한다.

모든 사물 현상은 양적인 측면과 질적인 측면을 가지고 있는데, 자존감이라고 해서 예외는 아니다. 양과 질은 양질전화의 관계에 있다. 쉽게 말해 양이 증감하면 질이 바뀌는 관계에 있는데, 이를 변증법 철학에서 양질전화의 법칙이라고 한다.

액체인 물을 끓이면 온도가 계속 올라간다. 그러다가 100도가 되면 물은 기체 상태로 바뀌기 시작한다. 질이 변하는 것이다. 이처럼 양이 일정한 임계점 혹은 한계를 넘어서면 질이 달라지며, 자존감도 마찬가지라고 생각하는 것이 합리적일 것 같다. 예를 들면 자존감의 양을 0부터 10까지의 점수로 표시할 때, 5점 이하는 자존감이 있다 하더라도 제구실을 못하기 때문에 '자존감이 없다'로, 5점 이상은 자존감이 제 몫을 하기 시작하므로 '자존감이 있다'는 식으로 간주하는 것이다. 중요한 것은 자존감에도 양과 질이 있고 이 두 가지가 밀접하게 연관되어 있음을 기억하는 것이다. 현재 나는 '자존감이 높다, 자존감이 있다, 자존감이 낮다, 자존감이 없다'의 네 가지 정도로 구분하면 되지 않을까 생각한다.

자존감은 유동적인가, 고정불변인가

자존감은 유동적으로 변화하는 것일까, 아니면 상대적으로 고정불변하는 것일까? "모든 심리 상태가 변화하듯이 자존감의 수준도 필연적으로 오르내리며 변화를 거듭한다"[19]는 말처럼, 자존감은 영원불변하는 것이 아니라 변화할 수 있다.

일부 성급한 심리학자들은 자존감이 8세를 전후해서 결정되고 그 이후에는 거의 변하지 않는다고 주장한다. 예를 들면 심리학자 하터(Harter)는 5~8세 사이에 자존감이 뚜렷하게 자리 잡는다[20]고 주장했다. 8세 설을 지지하는 심리학자들은 8세 이전에 자존감이 거의 형성되고 그 이후에는 약간의 변화가 있을 뿐 이때 형성된 자존감은 거의 변하지 않는다고 이야기한다. 반면 브랜든 같은 심리학자는 자존감이 유년기에 거의 결정된다는 주장에 반대하면서 다음과 같이 말했다.

자존감의 수준은 유년기에 완전히 결정되는 것이 아니다. 어른으로 성장하는 동안에 자존감은 성장하거나 퇴보할 수 있다. (…) 자존감을 탄탄하게 만든 선택이 있는가 하면, 자존감을 무너뜨린 선택도 있었다.[21]

이런 견해 차이는 기본적으로 8세 무렵에 형성되는 자존감을 온전한 자존감으로 볼 것인가 아닌가의 차이에서 비롯된다. 나는 앞서 8세 정도에 형성되는 것은 자존감의 기초(이런 의미에서 1차 자존감이라는 표현도 사용했다)일 뿐이고 이후에 사회화되면서 자존감이 온전히 형성된다고 주장한 바 있다. 브랜든과 다소 유사한 입장이라고 할 수 있다. 정리하자면 자존감의 기초가 대단히 중요하다는 점에는 동의하는 한편, 8세에 자존감이 형성되고 그 이후에는 거의 변하지 않는다는 견해에는 동의할 수 없다.

물론 그렇다고 자존감이 아주 변화무쌍한 것은 아니다. 오늘은 자존감이 없었는데 내일 갑자기 생긴다거나 이번 달에는 자존감이 낮았는데 다음 달에는 갑자기 높아지는 식으로 유동적이지는 않다는 것이다. 자존감은 자신의 가치 평가 그리고 자기감정을 포함한다. 그런데 무엇보다 자기개념과 자기가치에 대한 평가가 그리 쉽게 변화하지 않는다. 성장 과정에서의 숱한 경험과 실천이 나의 자기개념과 가치 평가에 영향을 미치고 그 결과로서 자존감이 결정된다. 이런 점에서 "자존감은 결과물이다. 즉 내면에서 비롯한 실천의 결과물이므로, 우리는 자신의 자존감은 물론이고 타인의 자존감도 직접 곧장 변화시킬 수는 없다"[22]는 견해는 타당하다.

'나는 못생겼다'라는 자기개념은 하루아침에 만들어지지 않는다. 따라서 하루아침에 '나는 잘생겼다'로 바뀔 수도 없다. 한마디로 자존감은 장기간의 경험과 실천에 의해 만들어진 것이므로 단기간에 변하지 않는다는 것이다. 또한 자기감정은 자기개념이나 평가보다 더 변하기 힘들다. 일반적으로 감정이 일단 형성되고 나면 개념보다 더 오래가는 경향이 있기 때문이다.

새로 이사 온 이웃을 한 달간 겪으면서 미운 감정이 쌓였다고 해보자. 그런 감정을 갖게끔 만든 구체적인 사건들은 대부분 잊어버릴 수 있지만, 부정적인 감정 자체는 좀처럼 사라지지 않는다. '미운털이 박혔다'는 표현이 바로 이런 상황을 두고 하는 말 아닐까. 일단 미운털이 박히면 상대가 한두 번 착한 행동을 한다 하더라도 처음의 감정은 잘 변하지가 않는다. 나에 대한 감정 역시 마찬가지다. 그러니 자연스럽게 자존감도 한번 형성된 후에는 변화시키기가 쉽지 않은 것이다. 이런 성격 때문에 상당수 심리학자들은 자존감을 성격 이론에서의 특성처럼 간주해야 한다고 제안한다.

지금까지 행한 많은 연구에서 보면 자존감은 안정된, 특성 같은 구조(a stable, trait-like construct)라는 것을 알 수 있다. 자존감의 안정성(stability)은 성격 특성에서 발견되는 안정성과 비교될 수 있다.[23]

자존감에 어느 정도의 내구성과 일관성이 있다는 주장은 자존감이 낮은 상태로 사춘기를 맞이한 아이들이 이 시기가 끝난 후에도 여전히 자존감이 낮다[24]는 연구 결과 등을 통해서 뒷받침된다. 정신과 의사 이무석은 "외모도, 지위도, 성공도 다 일시적이지만 변하지 않는 것은 내면적인 자존감"[25]이라고 말하면서 자존감이 지속성과 일관성, 공고성을 가지고 있음을 강조했다.

　　자존감이 손바닥 뒤집듯 변할 수 있다면 이 세상에 자존감 문제라는 말이 아예 없었을지도 모른다. 오늘은 자존감이 낮아도 내일은 높아질 수 있으니, 공연히 걱정하느라 시간 낭비할 필요가 없을 것 아닌가. 자존감 때문에 고민하는 이들에게는 안타까운 소식일 수도 있지만, 자존감이 아주 쉽게 변하지 않는다는 사실을 부정하기는 힘들다.

자존감은
거의 모든 심리 문제와
관련이 있다

우리의 욕구와 감정은 밀접하게 연결되어 있으며 서로 영향을 주고받는다. 낮은 자존감이 직접적으로 유발하는 감정들 역시 2차적인 욕구의 원인이 될 수 있다. 예를 들면 자존감이 낮은 경우 무가치감이 일어나는데, 무가치감은 의존 욕구나 과시 욕구를 유발하는 데 큰 영향을 미친다.

부정적인 감정이 일정 수준 이상 심해지면 이를 회피하거나 방어하려는 욕구(동기)가 유발되는 현상은 아주 흔하다. 또한 대부분의 병적인 욕구는 낮은 자존감 문제로 인해 일어나는데, 그것이 실현되든 혹은 좌절되든 상관없이 부정적인 감정으로 이어질 가능성이 높다. 즉 낮은 자존감이 병적인 욕구를 일으키고 그것이 다시 부정적인 감정을 일으킨다는 것이다. 예를 들어 낮은 자존감 때문에 생긴 의존 욕구가 좌절되면 두려움이라는 감정이 생기는 식이다.

이렇게 욕구와 감정은 가깝게 연관되어 있기 때문에 자존감이 낮은 사람은 자존감뿐만이 아니라 2, 3차적인 욕구나 감정들에 의해서도 고통을 겪는다. 자존감이 우리 심리의 거의 모든 것과 관련이 있을 정도로 중요한 역할을 하는 까닭이 바로 여기에 있다. 자존감이 낮아지면서 직접 혹은 간접적으로 나타나는 부정적인 감정은 어떤 것들이 있을까?

● 자존감이 낮아지는 순간 부정적인 감정이 등장한다

무가치감 "난 아무 쓸모없는 존재야."

자존감은 자신이 가치 있는 존재라는 평가에 기초하는 마음이다. 따라서 자존감이 낮다는 것은 자신을 가치 있는 존재로 평가하지 못한다는 것을 의미한다. '나는 가치가 없는 사람'이라는 자기평가는 즉시 무가치감으로 연결된다.

무가치감이 심해지면 타인들에게 거절당하거나 버림받을지도 모른다는 두려움이 심해지기 때문에 대인 관계를 꺼리고 사회적으로 위축된다. 또한 내가 가치 없는 존재라는 믿음은 나의 삶이 무가치하고 무의미하다는 신념으로 이어지면서 우울과 비관, 염세와 허무주의 등에 시달리고 삶의 의욕이 저하된다.

무력감(무기력감) "나는 노력해도 안 될 거야."

앞에서 살펴보았듯 자존감을 위해서는 가치뿐만 아니라 능력도 필요하다. 유년기에 형성되는 자존감의 기초와 달리 성인의 자존감은 능력으로 확고하게 뒷받침되어야 한다. 즉 성인은 '나는 이러저러한 능력이 있으므로 사회적으로 쓸모가 있다'고 믿을 수 있어야 자신의 가치를 높게 평가할 수 있다. 낮은 자존감은 '나에게는 능력이 없다, 나에게는 힘이 없다, 나에게는 통제력이 없다'는 믿음과 통하기 때문에 무력감을 피할 수 없다.

무력감이 심해지면 무엇보다 목표 지향적 활동을 하는 데 어려움을 겪는다. 목표를 설정하는 것부터 주저하게 되고, 설사 목표를 세우더라도 '노력해봤자 별 수 없다'고 믿어서 실제로 노력하거나 의지력을 발휘하지 못한다. 무력감이 한층 심해지면 자포자기 상태가 되는 극단적인 상황에 놓일 수도 있다. 이 경우 자기불신을 피할 수 없기 때문에 매사에 스스로를 의심하고 대인 관계를 두려워하여 의존 욕구가 심해질 가능성이 높다.

열등감 "나는 나 자신이 너무나 부끄러워."

열등감은 남들보다 못한 나를 미워하고 부끄러워하는 감정이다. 어떤 이들은 비교를 하지 말라고 말하기도 하는데, 뒤에서 이야기하겠지만 사실 사회적 비교 그 자체가 문제라고 할 수는 없다. 예전에 어떤 사업가가 내게 이런 말을 했다.

"선생님은 어떻게 글을 그렇게 잘 쓰십니까? 정말 부러워요"

나는 그가 사업 얘기를 들려줄 때마다 '대단하다'고 감탄했기에 이렇게 대답했다.

"사람마다 다 잘하는 게 있잖아요. 저는 선생님이 사업하는 얘기를 들으면 엄청 부러운데요."

어떤 사람은 말을 잘하고, 어떤 사람은 손재주가 좋고, 또 어떤 사람은 노래를 잘하는 식으로 사람마다 잘하는 것이 있다. 따라서 타인들과 나를 비교해보면 내가 남들보다 나은 것도, 못한 것도 있기 마련이다. 이때 내가 잘하는 것에 대해 자랑스러워하고 남이 잘하는 것에 대해서 부러워하는 것은 지극히 정상이다. 문제는 내가 못하는 것에만 주목한다든가 그것을 빌미삼아 자신을 미워하거나 부끄러워하는 것이다. 열등감이 정신 건강에 도움이 되지 않는 까닭이 바로 여기에 있다.

자존감이 낮은 사람은 자기가치를 낮게 평가하는 데다 자기감정이 악화되어 있기 때문에 자신에게서 남보다 못한 부분이 발견되면 가중치를 부여해 가차 없이 스스로의 가치를 깎아내린다. 예전에 만났던 한 청년은 수많은 장점에도 불구하고 '노래를 잘 못한다'는 한 가지 이유만으로 자신이 가치 없는 사람이라고 믿고 있었다. 그가 노래 실력이라는 기준에 과도한 가중치를 부여해 자신을 저평가한 까닭은 무엇일까? 그 청년이 자신을 저평가하는 자존감 낮은 사람이었기 때문이다. 이미 '미운 놈'인 자기 자신을 좋게 평가해주기는 힘들다. 이런 이유들로 인해 자존감이 낮은 사람은 만성적으로 열등감에 시달리는 경우가 많다.

열등감이 심해지면 피해의식이 생겨 대인 관계가 뒤틀리기 시작한다. 피해의식이 심하면 남들이 던지는 사소한 농담 혹은 칭찬까지도 자기를 공격하는 것으로 간주할 수 있다. 특히 열등감이 심한 사람은 객관적으로는 도저히 짐작할 수 없는 상황에서 감정적으로 폭발하곤 한다. 그야말로 '열폭'을 잘 하는 것이다. 나의 고등학교 시절 어느 선생님은 학생들을 혼낼때마다 이렇게 말씀하시곤 했다.

"너, 나를 무시하는 거냐?"

어느 날 그 선생님은 뒷자리에 있는 학생이 떠들었다는 이유로 맨 앞의 책상을 밟고 올라서더니 책상 위로 폭풍질주해서 맨 뒤에 앉아 있던 그 학생을 발로 차면서 이렇게 외쳤다.

"이 새끼, 감히 선생님을 무시해?"

당시 학생들은 그 선생님을 '열등감 덩어리'라고 불렀는데, 지금 생각해봐도 정확한 평가인 것 같다. 이런 극단적인 사례는 드물겠지만 열등감이 있는 사람의 대인 관계는 절대로 원만하지 못하다.

열등감이 심하면 인정 욕구, 과시 욕구, 승리 욕구 등이 과도해진다. 사교적인 열등감 덩어리들도 있는데, 이들은 은밀하게 자기과시를 하는 데 선수들이다.

수치감(수치심) "내가 사회에서 내쳐지는 것은 아닐까?"

국어사전에서는 수치(羞恥)를 '다른 사람들을 볼 낯이 없거나 스스로 떳떳하지 못함, 혹은 그런 일'로 정의하고 있다. 이것은 수치감이 '나에게는 사회에 수용될 자격이 없다'고 판단될 때 체험하는 감정임을 시사한다. 사람이 수치감을 체험하는 경우는 크게 두 가지이다.

첫째, 도덕적이지 못할 때이다. 나쁜 짓을 하거나 죄를 지었는데도 처벌받지 않은 사람들은 전형적으로 수치감에 시달린다. 자신이 한 짓이 드러나는 것에 대해 창피하고 부끄러워하는 것이다. 예전에 만났던 한 청년은 성매매 업소에 갔던 경험을 말하면서 자신이 한 짓이 경찰에 적발되는 상상을 할 때마다 심한 수치감에 시달린다고 고백했다.

둘째, 학대를 경험할 때이다. 예를 들어 성추행을 당한 피해자 대부분이 수치심에 시달린다. 이들은 도덕적으로 아무런 잘못도 하지 않았고 오히려 피해자인데, 어째서 이런 감정을 느끼는 것일까? 사회가 피해자를 제대로 보호해주지 못하고 사회적 제도와 관습이 오히려 그들로 하여금 자신의 잘못으로 상대에게 성적 대상, 성적 놀이감으로 간주되었으며, 이로 인해 사회에 수용되지 못할 거라는 기분에 빠지게 하는 이유가 크다.

자존감이 낮은 사람은 어렸을 때 부모에게서 정상적인 수용과 사랑을 경험하지 못한 경우가 많다. 또한 자신이 무가치한 존재라고 믿기 때문에 자존감이 낮을수록 자신이 사회에 수용될 자격을 상실했다는 수치감에 시달리기가 쉽다. 수치감이 심하면 타인들의 시선에 지나치게 민감해지고 대인 관계를 두려워하게 된다. 또한 자기에 대한 감정이 악화되어 자기를 학대하거나 파괴하려는 욕구가 생길 위험이 커진다.

시기와 질투 "내가 더 많이 사랑받아야 해."

시기와 질투는 나보다 우월한 다른 사람을 부러워하며 증오하는 감정이라고 할 수 있다. 사람마다 장단점이 각기 다르므로 타인에게는 항상 내가 부러워할 만한 것이 있다. 물론 타인이 나를 볼 때에도 마찬가지다. 이것은 전혀 문제가 되지 않으며, 때로는 자신을 더 분발하게 만드는 긍정적인 자극제가 되기도 한다. 그러나 여기서 그치지 않고 그로 인해 상대를 증오하게 된다면 당연히 문제가 될 수밖에 없다. 시기와 질투가 바로 이런 상황에서 발생하는 감정이다.

단순한 부러움이 아니라 '증오'를 포함하고 있기 때문에 시기와 질투가 있는 곳에는 갈등과 분란이 끊이지 않는다. 그렇다면 남들의 장점을 부러워하는 걸로 그치지 않고 그것을 빌미 삼아 남들을 증오하게 되는 원인은 무엇일까? 일반적으로 시기와 질투는 뿌리 깊은 애정 결핍에서 비롯되는 애정 독점 욕구와 관련이 있다. 어린 시절 사랑을 충분히 받은 어른은 '사랑받기'에서 졸업했기 때문에 '사랑하기'가 주요 관심사다. 그는 무의식적으로 모든 사람들이 자기만 사랑해야 한다는 애정 독점욕에서 자유롭기 때문에 내가 아닌 다른 사람이 관심과 사랑을 받더라도 전혀 상처받지 않는다. 아니, 오히려 그는 누군가가 공정한 기준에 따라 사랑을 받으면 기뻐할 것이다.

반면 어린 시절 사랑을 제대로 받지 못한 이는 비록 몸은 성인이 되었지만 여전히 사랑에 굶주려 있고 무의식적으로 세상 사람들이 모두 자신에게만 관심을 주기를 갈망한다. 그는 다른 누군가가 사랑받으면 사람들이 자기를 사랑하지 않는 것으로 간주하고 이를 편안한 마음으로 지켜보지 못한다.

자존감이 낮은 사람은 기본적으로 애정 결핍이 심하다. 즉 그에게는 애정 독점욕이 있다고 가정해도 무방하다. 어린 시절 사랑을 충분히 받지 못한 것 외에 자존감이 낮은 사람이 시기와 질투에 사로잡히는 또 다른 이유는 사람들한테 사랑받는 누군가의 존재를 자신의 초라함을 폭로하는 거울로 간주하기 때문이다. 그는 다른 누군가가 사랑과 칭찬, 존경을 받으면 사람들이 그와 자기를 비교하면서 비웃을 것이라고 지레 걱정한다.

시기와 질투는 남을 깎아내리거나 몰락시키려는 욕구, 무슨 수를 써서라도 상대를 꺾으려는 병적인 승리 욕구 등을 촉발하거나 강화할 수 있다. 과거 노무현 전 대통령에 대한 한국 주류 집단의 정도를 넘어서는 적개심과 증오심은 낮은 자존감이 유발한 시기와 질투라는 감정과 관련된 병적인 현상이었다. 누군가의 자존감이 높은가 낮은가를 판단하는 중요한 척도 가운데 하나는 자기보다 훌륭한 사람을 시기나 질투 없이 대할 수 있는가라고 할 수 있다.

자기혐오 "내가 맞을 만한 짓을 해서 맞는 거야."

낮은 자존감이 직간접적으로 유발하는 부정적인 감정들의 최종 기착지가 무엇인지 아는가? 바로 자기혐오다. 자신의 가치와 능력을 낮게 평가하면, 그런 자기를 미워하면서 분노의 감정이 외부가 아니라 스스로를 향할 가능성이 높아진다. 따라서 자존감이 낮아질수록 자기에 대한 감정이 악화되고, 그것이 다시 자존감을 떨어뜨리는 악순환의 고리가 만들어진다.

자존감이 낮아지면서 나타나는 전형적인 현상은 자기를 학대하는 것이다. 타당한 근거 없이 누군가를 미워한다면 그것은 학대이다. 따라서 나를 타당한 근거 없이 미워한다면 자기 학대라 할 수 있다. 자존감이 낮으면 자신을 과소평가하는 경향이 있다. 그런데 '과소평가'라는 말은 그것이 객관적인 평가가 아니라는 것을 의미한다. 즉 타당한 근거 없이 자기를 미워하게 되는 것이다.

사람이 오랫동안 학대를 당하다 보면 전형적인 피학대 심리를 갖게 된다. 그중 하나는 가해자가 아니라 학대당하는 자기를 탓하는 것이다. 아버지에게 오랫동안 폭행당했던 아이들은 "아버지가 나를 사랑해서 때리는 것이다" 혹은 "내가 맞을 만한 아이라서 맞는 것이다"라고 말하는 경우가 많다. 누군가가 깡패한테 매일 같이 매를 맞는다고 가정해보자. 처음에는 깡패를 미워하겠지만 후환이 두려워 화를 내지 못한다. 그런데 상대에게 분출하는 통로를 차단하면 분노는 스스로를 공격하게 된다. 그 결과 깡패가 아니라 계속 매를 맞고 있는 한심한 자기를 미워하게 되는 것이다. 이것이 바로 피학대 심리가 만들어지는 전형적인 경로이다.

자존감이 낮은 사람의 자기학대는 이 세상에 존재할 수 있는 학대 중에서 가장 강력하다. 현실에서는 피학대자가 학대자와 24시간 대면하는 경우가 거의 없지만 피학대자인 나는 학대자인 나를 계속해서 대면해야 하기 때문이다. 나는 나에게서 결코 벗어날 수 없기 때문에 내가 나를 학대하는 것은 정신 건강에 절대적으로 해롭다.

자기혐오는 그 자체로 충분히 사람을 고통스럽게 만든다. 그러나 더 큰 문제는 자기혐오가 자기파괴 욕구뿐 아니라 타인을 파괴하려는 욕구까지 유발한다는 데 있다. 자기사랑이 타인 사랑의 전제이자 발판이듯 자기혐오는 타인 혐오의 전제이자 발판이다. 철학자 에릭 호퍼(Eric Hoffer)는 "자기 자신을 증오하는 사람은 다른 사람도 증오한다"[26]고 말했다. 그의 말처럼 자기를 혐오하는 사람은 타인, 나아가 모든 인간을 혐오하는 인간혐오주의자, 인간증오주의자가 될 가능성이 높다. 이런 점에서 미국에서 거의 매주 터지는 끔찍한 무차별 총기 난사 사건의 범인들은 극심한 자기혐오에 시달리던 자존감 낮은 인간 증오의 화신이라고 추정할 수 있지 않을까.

근본적인 원인을 제거하지 못한 상태에서 부정적인 감정을 다스리는 것은 쉽지 않다. 그러나 부정적인 감정을 체험할 때, 감정에 휩쓸려 행동하기 전에 그 감정의 정체가 무엇인지를 침착하게 따져보고, 건전한 방식으로 표현하는 것이 도움이 될 수 있다. 예를 들어 어떤 상황에서 갑작스럽게 얼굴이 빨개지면 울음을 터트리거나 언성을 높이기 전에 자신이 체험하고 있는 감정이 무엇인지를 생각해보아야 한다. 그리고 그것이 가령 수치감이라고 판단되면, 가까운 사람에게 내가 지금 느끼는 감정에 대해 언어로 표현해보는 것이다. 물론 궁극적으로는 부정적인 감정을 체험하는 원인을 파악하여 그것을 제거할 필요 역시 있다.

자존감 낮은 사람이
집착하는 것

한국인들은 일상에서 다양한 형태로 일어나는 자존감 문제에 어떻게 대처하고 있을까? 자존감이 무엇인지 정확히 이해하고 이를 높이기 위해 노력하고 있을까? 아니면 자존감이 무엇인지도, 자존감을 높이려면 어떻게 해야 할지도 몰라서 오히려 가짜 자존감을 추구하며 좌충우돌하고 있는 것은 아닐까?

낮은 자존감이 초래하는 가장 심각한 고통 중의 하나가 고독이다. 앞서 살펴봤듯 자존감이 낮아서 자신의 가치를 낮게 평가하는 사람은 타인에게 버림받을까 봐 전전긍긍한다. 또한 스스로를 사랑하고 존중하지 못하기 때문에 타인들의 인정과 평가에 목을 맨다. 친구 관계에 과도하게 의존하게 되는 경우도 많다. 이런 경우 건강한 친구 관계를 맺기 힘들며, 친구들의 비위를 맞춰주고 끌려다니면서 관계를 구걸하는 결과로 이어지기 십상이다.

연애 중독자의 사례 역시 크게 다르지 않다. 자존감이 낮은 사람의 연애는 친구 관계에 매달리는 경우와 마찬가지로 한쪽에 일방적으로 맞춰주는 관계가 되기 쉽다. 이런 식의 연애가 지속되면 아픔과 상처만 남기고 매번 실패로 끝나며, 결국 더 절박해져서 또 다른 사람을 찾아 새로운 연애로 달려가게 된다. 하지만 상대가 바뀌어도 같은 패턴의 관계가 반복되다 보면 홀로서기가 불가능한 상태가 되어버릴 수 있다.

현실에서 관계 맺기가 힘들다 보면 자칫 SNS 중독자가 되기도 쉽다. SNS는 자기를 위장할 수 있는 공간이기도 하고, 현실에서는 불가능한 타인들의 관심과 사랑, 인정과 존중을 받을 수 있는 곳이기 때문이다. 그러나 자존감 결핍을 SNS에서 해결하려고 하면 할수록 점점 더 현실에서 멀어지고 SNS의 세계로 깊이 빠져들 수 있다. 'SNS 속의 고독'이라는 말처럼 SNS는 실질적으로 외로움을 거의 달래주지 못하며, 자존감에도 별 도움이 되지 않는다.

● 나를 거절하지 않을 것 같은 사람만 사귄다?

자존감 낮은 사람이 가장 원하는 것은 칭찬이고 가장 두려워하는 것은 거절이다. 특히 '거절당하는 것에 대한 두려움'은 자존감 낮은 사람의 핵심 심리라고 할 수 있다. 자존감 낮은 사람이 자기보다 못한 사람, 즉 자신을 거절하지 않을 것 같은 사람을 친구나 연인으로 사귀는 경우가 많은 것은 이 때문이다. 자존감 낮은 사람은 칭찬에 연연하는 반면 비판을 굉장히 두려워하는데, 이런 성향은 온라인상에서도 달라지지 않는다. 페이스북에 나름 멋있는 글을 올렸는데, 사람들이 '좋아요'를 눌러주지 않으면 우울함을 느끼는 것도 그런 예이다.

요즘 내게 상담을 받으러 온 젊은이들이 자주 하는 말 중 하나가 "남들은 다 잘 사는 것 같은데 나만 왜 이럴까요?"이다. "왜 그렇게 생각하느냐?" 하고 되물으면 그들 대부분이 SNS를 하다 보면 그런 생각이 든다고 대답한다. 사실 나도 집에 틀어박혀서 줄창 원고를 쓰고 있다가 사람들이 SNS에 올리는 해외여행 사진, 친구들과 노는 사진, 맛집에서 찍은 사진 등을 볼 때면 문득 "나는 왜 이렇게 살고 있냐?" 하며 탄식하게 될 때가 있다.

이와 같이 습관처럼 SNS를 들여다볼수록 상대적 박탈감을 느끼고 우울감에 시달릴 수 있는데, 이를 가리켜 '카페인 우울증'이라고 한다 (카페인은 카카오스토리, 페이스북, 인스타그램의 줄임말이다). 실제로 2014년에 오스트리아 인스브루크대학교의 연구팀은 "페이스북을 오래 사용할수록 우울감을 쉽게 느끼고 자존감도 떨어진다"는 연구 결과를 내놓기도 했다.[27] 물론 페이스북 자체가 자존감을 떨어뜨리는 원인으로 지탄받을 수는 없겠지만, 이런 SNS 집착은 자존감에 악영향을 미칠 가능성이 상당하다. 자존감 손상을 현실에서 건강한 방식으로 해결하지 못하고 뒤틀린 관계를 통해 해결하려는 몸부림은 연애 중독을 포함하는 관계 중독, 카페인 우울증 등으로 귀결될 위험이 크다.

관계 중독에서 탈출하려면 우선 사고의 전환이 필요하다. 관계의 결핍이나 반복적인 실패를 남 탓으로 돌리며, 새로운 대상을 만나면 모든 게 잘될 거라는 헛된 믿음부터 버려야 하는 것이다. 관계 중독의 일차적인 원인은 타인이 아닌 자기 자신에게 있으며, 새로운 누군가를 통해 해결하기보다는 자신의 문제 먼저 해결해야 한다.

또한 사랑받기라는 유아적 욕구에서 벗어나서 사랑하기라는 성숙한 욕구를 추구하는 자세가 필요하다. 관계 중독은 타인을 사랑하지는 못하면서 사랑받으려고만 하는 데서 비롯된다. 따라서 심리 치료나 상담 등을 통해 사랑받기라는 유아적 욕구와 과감히 결별해야 비로소 관계 중독에서 빠져나오기 위한 첫걸음이 시작된다. 한두 사람과의 관계에 집착하고 매달리기보다 여러 사람들과 두루 관계를 맺고 건강한 공동체에 소속되어 건강한 대인 관계를 경험할 필요도 있다. 이로써 사회 속에서 자신의 자리를 찾는 연습을 해보는 것이다.

뒤틀린
인간관계의 악순환이
어떻게 시작되는가

　낮은 자존감이 유발하는 건강하지 않은 욕구나 감정은 대인 관계를 엉망진창으로 만들어버린다. 그만큼 자존감이 낮으면 건강한 대인 관계를 맺기가 대단히 어렵다. 일단 대인 관계가 뒤틀리면 그것이 다시 자존감을 깎아먹는 악순환이 시작된다.

　대인 관계에서 고전한다는 것은 대부분의 경우 사람들로부터 긍정적인 평가를 받지 못하는 것을 의미한다. 따라서 대인 관계가 원만치 않으면 대부분의 사람들은 자신의 가치나 사회적 능력을 긍정적으로 평가하지 못한다. 자신의 가치와 능력을 낮게 평가하면 자존감이 점점 낮아진다. 자존감이 낮아지면 대인 관계에서 더욱 어려움을 겪게 되고 그것이 또다시 자존감을 떨어뜨린다. 낮은 자존감과 뒤틀린 대인 관계 사이에서 악순환이 일어나는 것이다.

　이런 악순환을 해결하기 위해 잘못된 기준에 집착하면 도리어 가짜 자존감에 매달릴 위험이 높아진다. 그렇다면 자존감이 낮은 사람이 가짜 자존감에 집착하면서 대인 관계에서 흔히 겪게 되는 문제는 무엇이 있을까?

● 낮은 자존감과 인간관계의 악순환

감추기와 위장하기 "미움받을까 봐 두려워."

자존감이 높은 사람은 남들한테 자신을 숨길 필요를 느끼지 못한다. 설사 남들이 자기에 대해 좋지 않은 평가를 내리더라도 별로 개의치 않는다. 이미 내가 나를 높이 평가하고 존중하기 때문이다. 또한 감정 표현을 억제하지 않고 생각을 솔직하게 표현하는 편이다.

자존감이 낮은 사람은 남들한테 자신의 진짜 모습을 들킬까 봐 노심초사한다. 남들이 아무리 좋게 평가하고 반복적으로 사랑한다고 말해도, 상대가 자신의 진짜 모습을 알게 되면 분명히 자기를 싫어하고 버릴 거라고 두려워한다. 또한 자기확신이 부족하고 실수를 매우 두려워한다. 때문에 자기를 솔직하게 드러내지 못하고, 항상 무언가를 감추려 하며 위장이나 포장을 하는 데 익숙해져 있다.

의심하기 "가까운 사람이라도 믿을 수 있을까?"

자존감이 높은 사람은 무엇보다 자기를 의심하지 않는 사람, 즉 신뢰하는 사람이다. 자기를 신뢰하면 타인, 나아가 인간을 신뢰할 수 있다. 또한 독립적인 존재로서 누군가에게 버림받을 거라는 두려움이 없고, 설사 배신당하거나 이별하더라도 아픔을 견뎌내고 극복할 수 있다. 따라서 근거 없이 사람을 의심하는 법이 없다. 자존감이 낮은 사람은 기본적으로 자기를 의심한다. 자기불신자는 타인, 나아가 인간을 신뢰하기 힘들다. 또한 혼자서는 살 수 없으며 결국에는 버림받을 것이라고 믿어서 가까운 사람에게 버림받으면 안 된다는 강박감에 사로잡혀 있다. 그렇기 때문에 과도하게 사람을 의심한다.

셰익스피어의 작품에서 등장하는 오셀로는 전쟁 영웅이다. 모두에게 칭송받는 그는 흑인(유색인)이었다. 흑인인 자기를 사랑하지 못했기에 오셀로는 자신의 가치를 높게 평가하지 못했다. 전투 실력과 달리 자존감은 형편없이 낮았던 것이다. 오셀로의 아내는 미모가 뛰어난 백인이었고, 남편을 진심으로 사랑했다. 그러나 오셀로는 그녀가 자신을 배신하거나 떠나버릴까 봐 전전긍긍했다. 오셀로의 약점을 간파한 정적은 그를 파멸시키기 위해서 오셀로에게 아내가 바람을 피운다고 모함하기 시작했다. 오셀로가 자존감이 높은 인물이었다면, 이런 모략에 넘어가지 않았을 것이다. 그러나 의심병 환자인 그는 질투에 눈이 멀어 아내를 죽이고 스스로를 파괴하는 길로 질주한다.

끌려다니기 "남들에게 절대 거절당하면 안 돼."

앞서 이야기했듯 자존감 높은 사람은 사랑이나 인정에 연연하지 않으며 대인 관계에서 일방적으로 당하거나 끌려다니지 않는다. 반면 자기를 존중하지 못하는 자존감 낮은 사람은 타인의 사랑과 인정에 목을 맨다. 이런 경우 일방적으로 당하거나 끌려다니는 관계를 맺을 가능성이 높다.

예전에 초등학교 고학년 아이 A, B 두 명의 관계를 상당 기간 관찰해본 적이 있다. A는 자존감의 기초가 잘 닦여져 있었고, B는 자존감의 기초가 부실해 보였다. B는, 아마도 낮은 자존감을 만회하기 위해서였겠지만, 친구들에게 자주 거짓말을 했다. TV에서 한창 주가를 올리고 있는 유명한 야구 선수를 잘 알고 있으며, 그 선수가 사인해준 공을 가지고 있다는 둥 누가 봐도 믿기 어려운 거짓말을 계속하는 바람에 친구들한테서 신뢰를 잃었다. 그런데 B는 친구에 대한 집착이 상당히 심했다. 특히 친구들을 졸졸 따라다니면서 해달라는 대로 거의 다 해주는, 자진해서 끌려다니는 관계를 맺고 있었다. 당연히 거절에는 아주 민감해서 친구들의 사소한 거절에도 금방 의기소침해졌다.

어느 날 A가 집에서 한참 책 읽기에 빠져 있을 때, B가 전화를 걸어 같이 놀자고 졸라댔다.

"나 심심해. 같이 놀자? 응?"

"오늘은 안 돼. 책 읽어야 돼."

"책은 내일 읽으면 되잖아. 맛있는 거 사줄게. 놀자."

"안 돼. 이 책 엄청 재밌어."

(A가 계속 거절을 하자 B는 짜증을 내기 시작한다.)

"야! 정말 그럴 거야?"

"뭔 소리야?"

"너는 내가 더 좋아, 아니면 책이 더 좋아?"

"둘 다 좋은데?"

"……."

"그런데 오늘은 너보다 책이 더 좋아. 내일 놀자."

만약 A도 자존감이 낮았다면, B의 반복되는 요구를 거절하기 힘들었을 것이다. 가까운 누군가에게서 거절당하거나 버림받는 것을 몹시 두려워하는 사람은 좀처럼 거절을 못 하기 때문에 상대의 자기중심적인 요구 혹은 부당한 요구까지 다 들어준다. 자존감 낮은 사람들이 주변 사람들에게 쉽게 휘둘리고 수동적으로 끌려다니는 것은 이와 관련이 있다. 이렇게 건강하지 않은 대인 관계 방식에서 쉽게 벗어나기는 어렵다. 또한 자존감이 높은 경우 '해로운 관계보다는 자양분이 되는 관계'를 맺는 것[28]과는 달리 자기한테 도움이 되지 않는 사람들 혹은 해가 되는 사람들에게 둘러싸여 살아가는 경향이 있다.

한 가지 덧붙이자면, 뒤에서 다루겠지만 자존감 낮은 사람의 대인 관계 방식은 끌려다니는 것과는 정반대가 될 수도 있다. 타인을 지배하고 조종하는 양상의 대인 관계를 맺을 수도 있는 것이다. 어떤 방식이든 간에 자존감 낮은 사람의 대인 관계는 악순환에서 벗어나기 어렵다. 그는 상대의 반응이 자신의 일방적인 기대에 미치지 못하면 울고 불며 난리를 치거나 분노한다. 상대가 제아무리 열심히 노력한들 밑 빠진 독에 물 붓기여서 그 기대를 충족하기란 쉽지 않다.

무례하게 굴기 "결국 버림받을 게 뻔하니까 애쓸 필요 없어."

대부분의 심리학자들은 인간 존중의 태도가 어린 시절의 경험에서 비롯된다는 견해에 동의한다. 아이는 부모 혹은 주양육자로부터 존중받는 경험을 통해 스스로를 존중하게 되고, 이것이 타인을 존중하는 태도로 이어진다는 것이다. 그런데 부모한테 거의 존중받은 적이 없는 아이가 과연 '존중'이 무엇인지를 제대로 알 수 있을까? 사람은 일관성 있는 존재여서, 내가 나와 관계를 맺는 방식 그대로 타인과 관계를 맺는 경향이 있다. 내가 나에게 못되게 굴면 남한테도 못되게 굴기 마련이라는 것이다.

자존감이 낮은 사람은 인간을 신뢰하지 못하여 항상 타인을 경계한다. 이들은 누군가와 가까워질수록 그에게서 배신당할지도 모른다는 공포를 한층 더 키운다. 한번 관계를 맺으면 그에게서 버림받기를 두려워하는데, 그렇다고 그를 신뢰하지도 못하기 때문이다. 그래서 일부러 상대에게 못되게 굴기도 하고 자기가 먼저 관계를 끊기도 한다.

영화 '굿 윌 헌팅(Good Will Hunting)'에 등장하는 주인공이 이런 관계 맺기의 전형을 보여준다.[29] 그는 어린 시절 여러 번 파양당한 아픔을 간직하고 있다. 더욱이 양아버지한테 채찍질을 당하는 등 끔찍한 학대까지 경험했다. 주인공의 자존감은 바닥을 기어다니는 수준이었고, 그는 무례함의 전형이라고 할 정도로 타인을 막 대했다. 예를 들면 심리상담가들에게 아주 무례하게 굴어서 치료 기회를 스스로 걷어차버리는 행위를 반복했다.

타고난 천재이지만 고아 출신에 고졸 학력의 막노동꾼이었던 그는 우연한 계기로 명문대 여학생과 연인이 된다. 그러나 그녀와 가까워질수록 버림받을 거라는 두려움에 압도당한다. 가까운 사람에게서 또다시 버림받는 아픔을 겪을까 봐 끔찍이 두려워했던 주인공은 일부러 연인에게 무례한 행동을 반복하다 결국 이별을 통보한다. 우여곡절 끝에 다행히 해피엔딩으로 마무리되지만, 이 영화는 낮은 자존감이 왜 상대방에 대한 무례한 행동을 유발하는지, 나아가 관계를 어떻게 뒤틀어놓는지를 잘 보여준다.

뒷담화하기와 깎아내리기 "남들이 잘나가는 건 못 봐주겠어."

낮은 자존감으로 인해 시기심과 질투심이 심한 사람은 자기보다 잘난 사람을 그대로 두고 보지 못한다. 이 때문에 단지 주변 사람만이 아니라 온 세상 사람을 깎아내리는 데 선수다. TV에 어떤 연예인이라도 등장하면, '저런, 성형수술이 제대로 안 됐나 보네', '얼굴은 반반한데 엄청 숏다리잖아'라고 구시렁대는 등 무차별적으로 험담을 퍼부어댄다.

상대가 가족이라고 해도 다르지 않다. 이들은 아이들 앞에서, 혹은 친인척들이 모여 있는 공개적인 자리에서 배우자를 거침없이 비난하기도 하고 은근히 깎아내리기도 한다. 혹시라도 자녀가 자기보다 배우자를 더 좋아할까 봐 우려하고 걱정하기 때문에 가족 내에서 반드시 주도권을 쥐려고 한다. 그 결과 지칠 줄 모르고 배우자의 자존감을 파괴하려는 행동을 지속한다.

자존감 낮은 사람이 소속된 모임이나 조직에는 분란과 갈등이 그치지 않는다. 악성 루머와 이간질의 명수이기 때문이다. 이런 조직은 침체와 답보를 면할 수 없다.

지배하고 착취하기 "이 관계의 주도권은 내가 잡아야 해."

자존감이 낮은 경우 타인을 지배하는 방식으로 관계를 맺으려 하는 이유는 다음과 같다. 첫째, 상대에게 버림받는 것이 두려워서 그를 완전히 지배하고 조종함으로써 그럴 가능성을 차단하기 위해서다. 둘째, 상대가 나보다 잘난 꼴을 보지 못해 상대의 자존감을 파괴하기 위해서다. 셋째, 상대와의 관계에서 주도권을 행사하여 나의 무력감, 자격지심, 열등감 등을 방어하기 위해서다. 넷째, 타인을 지배하는 것은 나에게 힘이 있다는 착각을 불러일으키는데, 그것이 일시적으로 자신의 무능력을 방어하거나 보상해주기 때문이다. 비록 병적이고 변태적이기는 하지만, 나에게 힘이 있다는 느낌은 인간을 지배하고 학대하는 행위(궁극적으로는 죽이는 행위)를 할 때, 가장 강렬하게 체험할 수 있다. 무력한 자일수록 사디즘에 심취하기 쉽거나, 권력을 쥐면 갑자기 포악한 독재자가 되는 것은 그래서다. 이런 원인들이 복합적으로 작용하기 때문에 자존감 낮은 사람의 대인 관계는 가학적으로 귀결되는 경우가 많다.

자존감이 낮으면 이기주의자가 되는 경우도 많다. 자존감 낮은 사람이 타인을 지배하려는 성향을 보이는 것은 자신의 이기적인 욕구를 충족시키기 위해서이기도 하다. 인간을 사랑하고 존중하는 능력이 부족하기 때문에 이들에게 타인은 사랑과 존중이 아닌 이용 대상이 되기 쉽다. 이럴 경우 두 사람의 관계가 한쪽의 이기적 욕망을 실현하기 위해 상대를 착취하는 양상이 될 가능성이 높다. 여기서 착취란 단지 물질적인 것만을 의미하지 않는다.

이는 오히려 상대의 정신적 에너지를 빼앗는 심리적 착취에 가깝다. 예를 들어 상대가 일하는 시간에 계속 카톡을 보내어 자신에게 집중하도록 강요하고 주의와 시간을 빼앗는 행동은 분명 상대의 심신을 착취하는 것이다. 이런 착취 행위가 항상 노골적인 것은 아니다. 이런 경우에도 상대를 오래 상대하다 보면 결국 감정적으로 에너지가 소모되고 만다.

잘못된 대인 관계의 악순환에서 벗어나려면 무엇보다 자신의 대인 관계 방식이 잘못된 것임을 인정하며 이로부터 벗어나겠다는 동기를 갖고, 대인 관계를 왜곡시키는 자신의 심리적 상처를 정확히 파악해야 한다. 이때 자신의 대인 관계 방식이 타인과의 관계를 진전시키는 것이 아니라 파괴한다는 것을 인정하는 것이 중요하다. 그다음에는 새로운 방식으로 타인을 상대하는 연습을 꾸준히 해야 한다. 이 과정에서 새로운 시도에 대해 피드백과 격려를 해줄 수 있는 누군가의 도움을 받을 수 있다면 더욱 좋을 것이다.

'착한 아이 콤플렉스'가 심한 사람은 착한 사람이 아니다

자존감이 손상되면서 병적인 욕구와 감정이 유발되면 낮은 자존감을 보완하기 위해 가짜 자존감을 추구할 가능성도 높아진다. 이 경우, 대인 관계가 뒤틀리며 정신 건강과 삶의 질이 저하될 수 있다. 그렇다면 이런 원인들이 한데 모이면서 특정한 성격을 만들어낼 수도 있을까? 답은 '가능하다'이다. 특히 가짜 자존감에 집착하는 과정에서 특정한 성격이 형성되고 공고해질 수 있다. 대표적인 유형이 바로 무수리와 나르시시스트이다.

이 두 가지 유형 모두 자존감이 낮은 사람이 가짜 자존감의 포로가 되면서 형성되는, 가짜 자존감과 밀접한 관련이 있는 성격이라고 말할 수 있다. 여기서는 '무수리'에 대해 먼저 살펴보자.

● 자존감이 낮아서 못된 짓을 못하는 사람

　자존감은 낮지만, 남들한테 오히려 착한 사람으로 보이는 성격 유형이 바로 무수리다. 내가 《누구에게나 어린 시절의 상처가 있다》에서 언급했던 '순둥이', 《대통령 선택의 심리학》에서 다뤘던 '착한 아이 콤플렉스'가 이 유형과 거의 같다고 말할 수 있다. 그런데 여기에서 순둥이나 착한 아이 콤플렉스와 같은 기존의 명칭이 아니라 무수리라는 용어를 선택한 것은, 실제로는 그렇지 않은데, 순둥이나 착한 아이 콤플렉스라는 개념 자체가 사람들로 하여금 이들이 착한 사람이라는 착각을 하게 만들 우려가 있어서다(그렇다고 이들에게 착한 구석이 전혀 없다는 의미는 아니다).

　기존의 저서들에서도 일관되게 강조했지만, 순둥이나 착한 아이 콤플렉스 유형은 착한 성격 때문에 생기는 문제가 아니다. 자존감을 기준으로 말하자면, 이런 유형들은 '자존감이 낮아서 못된 짓을 못하는 사람'일 뿐이다. 낮은 자존감으로 인해 자기가치를 확신하지 못하고 자기 존재를 주장하지 않으며, 남들의 인정과 사랑에 과도하게 연연해서 타인의 비위를 맞추는 사람을 무수리로 명명한 까닭이 바로 여기에 있다. 오해를 피하기 위해서 말하자면, 무수리를 비하하려는 의도는 전혀 아니다. 단지 못된 짓을 하지 않는 것이 착한 성격 때문은 아니라는 점을 강조하려는 것이다. 못된 짓을 하지 못하는 자존감 낮은 사람의 대인 관계는 무수리가 주인과 맺는 관계와 같다고 할 수 있다.

무수리는 고려와 조선 시대 궁중에서 청소 일을 맡은 여자 종을 일컫는 용어이며, 몽골어로 '소녀'라는 뜻이다. 고려 말기에 원나라의 대고려속국정책(對高麗屬國政策)에 따라 원나라와 고려의 왕실이 통혼(通婚)을 하게 되었다. 이후 원나라 공주가 고려 왕실에 시집을 오면서 몽골어가 사용되기 시작했는데, 이때부터 여자 종을 무수리라고 부르게 되었다. 무수리는 유순한 소녀처럼 말하고 행동하지만 기본적으로 착한 성품 때문이 아니라 주인에게 복종하기 때문이다. 따라서 주인의 눈치를 보지 않아도 되는 상황이 되었을 때 무수리가 어떻게 행동할지는 아무도 알 수 없다.

피지배자나 피학대자가 의례히 그러하듯, 무수리 역시 권리 의식이 없거나 낮다. 자존감이 계속 낮아지다 보면 우리도 이와 유사한 심리 상태에 빠지기 쉽다. 자기한테 인간으로서 마땅히 누려야 할 권리가 있다는 생각을 좀처럼 하지 못하는 것이다. 그래서 다른 사람들이 자기를 함부로 대하거나 모욕을 해도 화를 내지 못한다. 또한 그것이 문제라고 생각하지 못하거나 당연하게 여긴다.

무수리는 자기주장을 하지 못한다. 자존감이 낮은 사람 역시 마찬가지다. 권리 주장을 포함하여 자기주장을 거의 하지 못한다. 그 이유는 다음과 같다. 첫째, 자기의 생각과 욕구가 옳다는 것을 확신하지 못하기 때문이다. 자존감이 낮은 사람은 기본적으로 자기 확신이 부족하다. 설사 자기 확신이 어느 정도 있다 하더라도 남들이 뭐라고 하면 그나마 있던 확신마저 흔들리기 일쑤다. 막상 뭔가를 주장하려고 하다가도 남들이 자기와는 다른 의견을 얘기하면 깜짝 놀라서 '내 생각이 틀린 건가?'라고 의심하면서 입을 다물어버린다.

둘째, 자기의 생각과 감정, 욕구 등을 표현했을 때의 뒷감당을 두려워하기 때문이다. 무수리가 자신의 의사를 표현하기 전에 주인의 눈치를 보는 것과 같다. 어렸을 때 자기의 생각과 감정, 욕구 등을 표현했다가 부모에게 혼이 나거나 거절당하는 경험을 반복했다면 자기주장을 하지 않는 자존감 낮은 어른이 될 가능성이 높다.

우리가 병든 사회에 저항하지 못하는 까닭

무수리는 자신의 만족이 아닌 남들의 만족을 맞춰주며 살아간다. 무수리가 가장 두려워하는 것이 주인의 눈 밖에 나거나 왕궁에서 쫓겨나는 것이듯, 자존감 낮은 사람이 가장 두려워하는 것은 타인들로부터 낮은 평가를 받거나 배척당하는 것이다. 인정과 사랑을 받기 위해 노력하는 것이 잘못은 아니다. 그러나 자신의 존엄성을 포기하면서까지 비굴하게 행동하거나 지나치게 아부를 한다면 문제다. 주인에게 자기 할 말을 다 하는 당찬 무수리를 상상하기 어렵듯, 당당함을 잃지 않고 타인들을 상대하면서 자존감이 낮은 사람을 찾아보기란 불가능하다. 항상 타인의 시선을 의식하고, 상대가 뭐라고 하기 전에 알아서 맞춰주려는 성향 때문에 눈치 보기의 대가인 경우도 많다.

무수리는 대세 추종자이다. 자존감이 낮은 사람은 자신이 사회에 속해 있다, 즉 사회로부터 버림받지 않았다고 판단해야만 비로소 안심할 수 있다. 그렇지만 대부분 타인과 건강하고 친밀한 관계를 맺는 능력을 결여하고 사회적으로 고립되어 있다. 사회에서 고립되어 있는 동시에 이를 두려워하는 사람은 주류나 대세를 추종함으로써 안도감을 얻으려 한다. 남들이 본 영화를 나도 봐야만, 남들이 산 외제차를 나도 사야만 사회에서 낙오되었다는 두려움을 일시적으로 방어하면서 안도감을 느끼는 것이다. 이런 점에서 유행과 시대 추세에 그 누구보다 민감한 무수리는 현대인의 주요한 사회적 성격인 대세추종적 성격[30]의 전형이라 할 수 있다.

　또한 무수리는 가짜 자원봉사자이다. 자존감이 낮은 사람은 자기를 사랑하지도 존중하지도 않는다. 즉 자기를 거의 돌보지 않고 방치해버리는 경향이 있다. 그런데 이런 사람이 놀랍게도 남들을 돌보거나 돕는 데 팔을 걷어붙이는 경우가 많다. 어떻게든 타인들에게 좋은 인상을 줘야 하고 칭찬을 받아야 하기 때문이다. 이런 식의 자원봉사는 타인에 대한 진실한 사랑에서 우러나온다고 말하기 어렵다. 자기조차 사랑하지 못하는 사람이 어찌 남을 사랑할 수 있겠는가.

　무수리는 얼핏 보기에는 착한 사람처럼 보인다. 남들한테 못되게 굴지도 않고, 남들이 원하는 것을 들어주느라 자기를 돌보지 않는 대단히 이타적인 사람처럼 보인다. 또한 자기를 내세우지도 않고 자기의 생각이나 감정, 욕구를 강하게 주장하는 일도 없다. 주류적인 가치나 유행에 맞서지도 않는다. 그러나 무수리가 착하게 말하고 행동하는 사람일지는 몰라도 정말로 착한 사람은 아니다. 비난을 무서워하고 사랑받기에서 졸업하지 못했을 뿐이다.

무수리가 못된 주인에게 대들지 못하듯, 자존감 낮은 사람은 병든 사회에 저항하지 못한다. 사회적 견지에서 무수리는 파시즘에 저항하기보다 파시즘을 뒷받침하는 유형이다. 병든 사회의 지배층은 저들에게 저항하지 못하는 자존감 낮은 사람을 '착한 사람'이라고 부르면서 치켜세운다. 이용하기 딱 좋기 때문이다.

결론적으로 무수리는 남들한테 착한 사람으로 평가받음으로써 어렵사리 자존감을 유지한다고 볼 수 있다. 그는 타인이 '너는 착한 사람'이라고 말해주면 안심하지만, 그렇지 않으면 자존감이 바닥으로 추락한다. 진짜 자존감이 아니라 타인의 평가에 따라 좌지우지되는 가짜 자존감에 집착하기 때문이다.

자존감 낮은 사람이
나르시시스트가
되는 과정

가짜 자존감에서 비롯되었다는 공통점은 있지만 무수리와는 정반 대의 성격 유형도 있다. 자존감이 대단히 낮은 반면, 무수리처럼 자기 를 낮추기보다는 심하게 잘난 체하며 포악하고 못되게 구는 것이다. 이런 사람을 가리켜 '나르시시스트(narcissist)'라고 한다.

나르시시스트는 대부분 사회생활을 활발히 하며 상당수가 정치인, 학자, 예술가, 조직의 간부와 같은 고학력 전문직에 종사하는 엘리트 이다. 그럼에도 나르시시스트는 단순히 정신 건강에 문제가 있는 사 람이 아니다. 정신의학에서는 나르시시스트를 '자기도취형 인격 장애 (narcissistic personality disorder)'로 규정하고 있다.

나르시시스트는 간단히 말해 자신에게만 지나치게 집착하고 스스 로를 과대평가하거나 온갖 자기 자랑만 늘어놓기에 바쁜 사람이다.

그는 지속적으로 자신을 과대평가하고 우월감을 드러내며, 몹시 거만하게 굴고 심지어 자신을 신비화하기까지 한다. 나르시시스트의 주요한 특징은 다음과 같다.[31]

● 나르시시스트의 비뚤어진 자기인식이 불러오는 특성들

첫째, 사랑과 인정에 과도하게 집착한다. 나르시시스트의 모든 관심은 타인의 사랑과 관심, 인정과 존경을 받는 데 쏠려 있다. 이 때문에 항상 주연이 되기를 원한다. 세상으로부터 사랑받고 인정받기를 갈망하는 나르시시스트의 욕구는 워낙 고질적이어서 그것을 만족시키기란 불가능하다. 비유하자면 50만큼 받아도 배가 고프다며 100을 원하고, 100을 받아도 여전히 배가 차지 않아서 200을 원하는 것이다.

둘째, 자기과시에 목숨을 건다. 나르시시스트는 유행을 민감하게 따라가며, 몸을 명품으로 감싸고 외제차를 몰고 다니는 등 외형적으로 화려한 겉치장에 집착한다. 또한 '중요한' 사람들과의 관계, 사회적 지위, 자신만만한 기색, 잘 다듬어진 미소와 표정 등으로 스스로를 포장한다. 권력자나 유명인사와 친한 사이라고 허풍을 떨거나 학력을 위조하는 것을 예로 들 수 있다.

자기과시의 욕구는 자연스럽게 성공과 권력에 대한 집착으로 이어진다. 성공을 해야만 대중의 사랑을 받을 수 있다고 믿으며, 스스로를 위대한 인물이라고 착각하기 때문이다. 그 결과 '무한한 성공 욕구'의 포로가 된다. 권력은 자신의 가치나 우월성을 확인시켜주는 중요한 수단이고, 이기적 욕구를 마음껏 실현하는 힘으로 간주되므로 여기에도 집착한다. 무제한적으로 명예, 능력, 재물, 권력, 높은 지위, 아름다움, 이상적 사랑 등을 추구하므로 그것을 실현하는 데 도움이 될 만한 인물에게 접근하고 친교를 맺으려 한다.

셋째, 특권 의식이 심하다. 나르시시스트 중에는 '나는 남들과 다르다. 나는 특별하다. 따라서 나는 특별 대우 받아야 마땅하다'는 신념을 가진 지독한 특권주의자가 많다. 더구나 자기가 특별히 좋은 대접을 받을 것이라는 불합리한 기대를 가지고 있다. 이 경우, 자신의 기준이 받아들여지지 않거나 사소한 불편이라도 느끼면 강하게 항의한다. 식당 음식에 흠을 잡고 식탁이 더럽다고 짜증을 부리며, 카페에서는 커피 맛이나 포장 상태에 시비를 걸고 음악 소리가 시끄럽다면서 소리를 줄이라고 요구하는 등 온 세상이 자신의 기준에 맞춰 돌아가야 한다는 듯이 행동한다. 특권의식이 과도한 나르시시스트에게는 지극히 당연한 일이므로 이것이 충족되지 않으면 심하게 분노하며, 비이성적인 비난을 퍼붓는 등 극도로 공격적인 반응을 보인다. 황교안 전 총리가 과도한 의전이나 특권을 요구하다가 여러 차례 구설수에 올랐던 것 또한 이런 예라 할 수 있다.

넷째, 시기와 질투가 심하여 남을 깎아내린다. 나르시시스트는 자기가 가장 잘난 사람이어야 한다는 부적절한 욕구, 경쟁에서 반드시 승리해야만 한다는 욕구 등으로 인해 자기보다 잘난 사람은 무조건 시기하고 공격하는 경향이 있다. 물론 권력자 혹은 친하게 지내야 하는 사람의 면전에서는 그런 행동을 자제하지만, 언제라도 공격할 준비 태세를 갖추고 뒷담화를 해댄다.

다섯째, 비판을 수용하거나 자기반성을 못한다. 앞서 자존감이 높으면 비판에 잘 견딜 뿐 아니라 적극적으로 수용하는 경향이 있는 반면, 자존감이 낮을수록 사소한 비판에도 분노하거나 몹시 의기소침해지는 경향이 있다고 말했다. 나르시시스트는 자존감이 대단히 낮은 사람이다. 따라서 비판을 수용하거나 반성하는 데 취약하다.

여섯째, 세상을 방어적이고 폐쇄적인 태도로 대한다. 나르시시스트는 마치 고슴도치처럼 웅크린 채 방어적인 태도로 세상을 대한다. 자기방어는 나르시시스트의 으뜸가는 특징이라고 할 수 있다. 그는 자기방어를 위해 합리화, 부인(否認), 역비판 같은 방어 기제들을 빈번하게 사용한다. 예를 들어 자신의 결점은 대수롭지 않은 것으로 치부해버리는 반면 남의 결점은 심각하게 부풀리고, 자기 잘못이 명백한데도 뻔뻔하게 변명을 늘어놓거나 아예 부인하며, 자신의 견해를 반대하는 사람에게 거리낌 없이 불쾌감을 드러내고 논점과는 전혀 상관없는 것들을 끄집어내 엉뚱한 비판을 퍼붓는다. 이처럼 나르시시스트는 매사에 지나치게 예민하고 신경질적인데, 특히 아주 사소한 무시에도 크게 분노하는 경향이 있다. 이들은 자신에 대한 악의 없는 농담조차 모욕으로 받아들여 화를 내곤 한다.

일곱째, 인지적 왜곡이 심하다. 나르시시스트의 방어적 태도는 자신을 과대평가하고 외부 세계는 과소평가하는 인지적 왜곡을 부추긴다. 자신과 현실을 있는 그대로 인정하지 않고 자신에게 유리하게 왜곡하는 것이다. 현재뿐 아니라 과거의 기억이나 특정 사건들 역시 주관적으로 재가공하는 경향이 있다. 아전인수 식으로 자신과 세상을 보는 이러한 인지적 왜곡은 나르시시스트를 현실로부터 멀어지게 하는 반면 망상 쪽으로 밀어붙여 그들의 자기개념을 더욱 왜곡시킨다.

여덟째, 경쟁적, 착취적, 가학적인 대인 관계를 맺는다. 나르시시스트의 사람 분류법은 아주 단순하다. 그에게 타인은 '자기를 한껏 부풀려줄 사람'과 '윽박지르고 깎아내리기에 만만한 사람'이라는 부류로만 구분된다. 즉 자신의 이기심을 채우는 데 이용할 수 있는 사람이 아니면 모두 다 깎아내려야 하는 사람인 것이다. 자신을 더욱 돋보이게 해줄 사회적 명망가, 전문가, 재산가, 자신을 숭배하고 찬양하는 사람 등은 전자에 속한다. 이런 사람들을 제외한 나머지는 모두 후자에 포함된다. 이런 분류 방식은 나르시시스트의 주관적인 판단 기준과 기분에 따라 자주 바뀌므로 타인에 대한 평가가 극에서 극으로 이동하는 경향이 있다. 누군가가 자신을 찬양하거나 자신을 드높이는 데 도움이 되면 상대를 과찬하다가도, 자신을 비판하거나 위축시킬 위험이 있다고 느껴지면 즉각 비난하는 태도를 보이는 것이다.

모든 것을 자기 뜻대로 하기 위해 나르시시스트가 가장 일관되고 주요하게 사용하는 수법은 '비난'이다. 나르시시스트 주변의 사람들 모두가 비난의 대상이 될 수 있다. 나르시시스트는 상대가 납득할 만한 근거도 없이 갑자기 비난을 퍼부으며 상대로 하여금 자기도 모르게 '이 모든 것은 내 잘못이다', '나에게 문제가 있다'는 피학대 심리를 갖게 하여 자기개념과 자존감을 손상시킨다. 자존감 문제가 또 다른 자존감 문제를 불러오는 셈이다.

이처럼 나르시시스트의 대인 관계는 본질적으로 착취적이다. 물론 남들에게 베풀거나 선심을 쓰기도 하지만 결국 목적은 자신의 즐거움을 충족시키는 데 있다. 상대방의 욕구나 소망은 고려하지 않고 이기적으로 베푸는 관계인 것이다.

아홉째, 지배욕과 통제욕이 과도하다. 자신의 이기적 욕구를 마음껏 실현하고, 자신에게 힘이 있다는 사실을 유지하기 위해서 나르시시스트는 항상 타인을 통제하려 든다. 그 방법도 다양하다. 위장된 친절과 관심, 거짓말과 헛된 공약, 적대감 고취와 이간질, 죄의식 느끼게 하기, 겁주기와 비난 등 가능한 한 모든 수단을 동원한다. 특히 지속적으로 생색을 내며 상대에게 부채감을 주는 것이 주특기이다. 물론 자신이 상대에게 신세를 진 것에 대해서는 거의 언급하지 않는다. 이 때문에 나르시시스트는 자신이 맺었던 모든 관계를 '그놈이 나에게 큰 신세를 졌는데 은혜를 저버리고 나를 배신했다'거나, '내 조언과 충고를 무시해서 인생이 엉망이 되어버렸다'와 같이 평가한다.

● 나르시시스트는 어떻게 탄생하는가

나르시시스트의 특징을 살펴보면 그것이 자존감이 너무나 낮은 나머지 가짜 자존감에 집착하는 사람의 특징과 거의 일치한다는 것을 확인할 수 있을 것이다. 그러나 무수리와 달리 나르시시스트는 자기주장이 없기는커녕 너무 지나치고, 착하게 굴기는커녕 못되게 군다. 어째서일까?

우선 자존감이 낮은 사람이 나르시시스트가 되기까지의 과정을 간략히 요약해보자. 부모에게 사랑받지 못해서 스스로 자기가치를 아주 낮게 평가하는 아이가 있다. 어느 날 아이가 얼굴이 예쁘다거나 수학을 잘한다는 등 한 가지 장점에 대해서 칭찬을 받는다. 그때부터 아이는 이를 극대화시켜 애정 결핍과 낮은 자존감을 보상하거나 방어하고 어떤 형태로든 보상과 방어를 계속해서 받으려 노력할 것이다. 또한 이런 상황을 자기에게 유리하게 해석함으로써 자기개념을 왜곡시키게 된다. '나는 형편없는 아이'라는 원래의 자기개념에 '나는 멋진 아이'라는 가면을 덧씌워 자신의 가치를 인위적으로 높이 평가하기 시작하는 것이다. 청소년기에 들어서도 이런 식의 보상이 지속되면 위장된 자기개념과 자기가치에 대한 억지 평가는 더욱 굳어진다. 그러나 '나는 형편없는 아이'라는 자기개념이 정말로 사라지거나 바뀌는 것은 아니다.

이 진짜 자기개념은, 의식 차원에서는 부정될지 몰라도, 적어도 무의식 차원에서는 사라지지 않는다. 예를 들어 '나는 천재야'라고 되뇌

어도 '나는 아무것도 아니야'라는 본심이 불쑥불쑥 치고 올라오는 것이다. 억지로 자존감이 높은 척하다 보면 불안감이 유발되고 그럴수록 왜곡된 자기개념과 평가에 집착하게 된다. 결국 나르시시스트란 낮은 자존감을 방어하기 위해 만든 가짜 자존감에 매달려 자기개념과 자기가치를 왜곡하는 과정에서 탄생하는 것이다.

나르시시스트가 탄생하는 원인이나 과정에 대한 의견은 심리학자들마다 서로 다를 수 있다. 하지만 나를 포함하여 나르시시스트에 관해 연구했던 모든 심리학자들이 동의하는 것이 한 가지 있다. 바로 나르시시스트가 자존감이 대단히 낮다는 사실이다. 나르시시스트가 자기과시, 특별대우에 매달리는 것도 낮아진 자존감 때문이다. 나르시시스트는 낮은 자존감을 화려한 포장지로 숨겨놓은 채 가짜 자존감을 가능하게 해주는 부, 권력, 명성 등에 집착한다. 결국 이 유형의 모든 행동 특성이 겉으로만 그럴듯한 자존감 유지를 목적으로 하는 셈이다.

나 자신과
똑바로 대면하려면
무엇이 필요한가

무수리와 나르시시스트는 자기개념과 자기평가가 자존감에 어떤 영향을 미치는지를 적나라하게 보여준다. 그렇다면 가짜 자존감을 지양하고 진짜 자존감을 키우기 위해 자기개념과 자기평가를 올바르게 세우려면 무엇이 필요할까? 이를 위해서 우선 자존감에 영향을 미치는 요소에 대해 알아볼 필요가 있다.

지금부터 이야기하려는 자기수용, 자기사랑, 자기존중이라는 세 가지 요소는 서로 밀접하게 연관되어 있다. 이들은 서로가 서로를 전제하거나 촉진하면서 상호작용한다. 예를 들면 자기사랑은 자존감의 전제가 되고 자존감을 강화하며, 자존감이 자기수용과 자기사랑을 보장하며 강화하는 식으로 영향을 주고받는다. 그러나 엄격하게 따져보면 이 세 가지에는 일련의 순서 혹은 위계가 있다고 말할 수 있다. 바로 자기수용, 자기사랑, 자기존중이다.

● 자기수용 없이 자존감은 있을 수 없다

자기수용은 크게 두 가지로 구분할 수 있다. 가장 먼저 나의 모든 것을 받아들이는 것이다. 만일 내가 나의 일부분이라도 수용하기를 거부한다면, 그것은 자기수용이 아니다. 부모가 자식을 수용하면서 자식의 외모는 수용하지 않겠다고 말하는 것이 성립할 수 없듯이, 내가 나를 수용한다고 하면서 나의 일부를 수용하지 않는다는 것은 있을 수 없다. 자기수용은 전체로서의 나를 온전히 인정한다는 것을 의미한다.

두 번째는 내가 처해 있는 현실을 수용하는 것이다. 사람은 세계와 연결된 존재이기 때문에 사람의 마음속에는 항상 현실이 들어와 있다. 따라서 내가 나를 수용한다는 것은 내 마음속에 있는 세계까지 수용한다는 것을 의미한다. 구체적으로 표현하자면 '내가 처해 있는 현실을 인정'하는 것이라고 말할 수 있다. 한국이 싫다고 내가 한국인임을 부정한다면, 내 아버지가 싫다고 아버지를 부정한다면 나 자신을 수용할 수 없다. 한국인인 나, 아버지의 아들인 나를 수용한 다음에야 비로소 나를 있는 그대로 수용할 수 있다. 현실 부정은 자기수용을 방해하고 차단한다.

자기수용이 불가능하면 자기사랑도 불가능하다. 자기를 수용하지 않는다는 것은 곧 자기와 관계 맺기를 거부한다는 것이다. 내가 나와 관계를 맺는 것조차 거부하는데, 어떻게 내가 나를 사랑할 수 있겠는가? 자기수용이 없이는 자기사랑이 없고, 자기사랑이 없이는 자기존중이 없다. 이것은 자기수용이 자존감 확립의 출발점이자 첫 번째 단

계임을 의미한다.

　내가 나를 부정적으로 평가하면 나에 대한 감정이 좋을 수 없는데, 이럴 경우에는 자기수용이 어려워진다. 고양이를 볼 때마다 혐오감을 느끼는 사람이 집에서 고양이를 키우기 어렵듯이, 내가 나를 대할 때마다 부정적인 감정을 느낀다면 나와 함께 살아가는 것도 힘들다. 더구나 나는 항상 대면해야 하는 존재이다. 따라서 고양이에 대한 부정적 감정보다 나에 대한 부정적 감정이 나에게 훨씬 더 악영향을 줄 수밖에 없다. 태어나서 죽을 때까지 항상 같이 있어야만 하는 나에 대해 내가 좋지 않은 감정을 체험한다면 얼마나 괴롭겠는가. 또 그런 나를 내가 수용하기란 얼마나 힘들겠는가.

　왜곡된 자기개념의 교정, 부정하거나 외면하고 싶은 자기 현실의 인정, 자기에 대한 태도의 변화, 자기에 대한 부정적 감정의 해소 등이 뒷받침되어야 온전한 자기수용이 가능해진다. 하지만 먼저 타인에 대해 비교적 관대하면서 자기에게 가혹하게 구는 잘못된 편향부터 자각하고 바로잡기 위해 노력할 필요가 있다. 자기를 수용하지 못하는 사람들 중에서 상당수가 타인에게는 너그러운 반면 자기한테는 엄격한 경향이 있기 때문이다.

● 자신을 받아들이고 난 다음에 오는 것

　자기수용이 되면 자연히 자기사랑이 싹틀 가능성이 높아진다. 자기수용이 가능하다는 것은 최소한 내가 나를 싫어하거나 미워하지 않는 것을 의미하기 때문이다. 그러나 "'받아들임'이 반드시 '좋아함'을 의미하는 것은 아니다"[32]라는 말이 시사하듯, 자기수용이 자동적으로 자기사랑으로 이어지지 않는다. 사랑은 수용보다 더 적극적인 것이고 더 많은 것을 필요로 하기 때문이다.

사랑은 어떤 대상을 귀중히 여겨 아껴주는 마음으로 정의된다. 이것은 사랑이 단순히 어떤 대상을 싫어하거나 미워하지 않아서 곁에 두도록 허락하는 것과는 차원이 다른 마음임을 의미한다. 내가 싫거나 밉지 않아서 나를 받아들이는 자기수용을 넘어서 나를 귀중히 여기고 아껴줄 때 비로소 자기를 사랑한다고 말할 수 있다. 외지인을 배척하며 이주를 허용하지 않는 마을이 있다고 가정해보자. 우연한 계기로 한 외지인에 대한 감정이 완화되어 이주를 허용했다고 해서 마을 사람들이 그를 사랑한다고 단정할 수는 없다. 상당한 시간이 흘러 마을 사람들이 그에게 친밀감을 느끼고 먹을 것과 편의를 챙겨주는 등 직접적인 친교를 통해 그를 아껴주기 시작해야 비로소 사랑한다고 말할 수 있다.

자기사랑은 자존감 확립에 결정적이다. 자기사랑과 자기존중이 동일한 것은 아니지만 서로 뗄 수 없는 불가분의 관계에 있기 때문이다. 사실 사랑은 이미 최소한의 존중을 내포한다. 어떤 대상을 귀중히 여기는 것은 존중의 중요 요소이다. 그렇기 때문에 누군가를 건강하게 사랑하는 사람이 그를 존중하지 않는다고 말할 수 없다.

일반적으로 존중은 사랑을 전제로 하는 경우가 대부분이지만, 사랑하지 않는 누군가를 존중하는 것도 가능하다. 누군가를 처음 만났을 때, 그를 사랑하지 않는 것은 정상적이다(물론 인류애라는 추상적인 의미에서는 그를 사랑한다고 말할 수 있겠지만, 개인 간의 견지에서 볼 때에는 사랑하지 않는다고 말할 수 있다). 그러나 우리는 서로를 인간으로서 존중해주어야 마땅하므로 그를 존중할 수 있다.

여기에서 알 수 있는 것이 하나 있다. 사랑은 사람만이 아닌 모든 대상과 관련된 심리인 반면, 존중은 오직 사람과 관련되는 심리라는 사실이다. 사랑은 어떤 대상을 귀중히 여겨 아껴주는 마음이므로 개, 산, 예술, 학문 등을 사랑한다고 말하는 것이 가능하다. 하지만 존중이란 상대방이 인간이라서 존중하는 것이므로 개, 산, 예술, 학문 등에 마찬가지로 적용해서 말하기가 어렵다. 한마디로 존중은 인간의 존엄성에 대한 예의에서 출발하는 심리인 것이다.

사랑의 대상이 인간인 한, 사랑은 곧 존중이라고 말할 수도 있다. 누군가를 사랑한다는 것의 본질은 인간으로서 그를 귀중히 여기며, 존엄한 존재로 대우한다는 데 있다. 내가 사람인 이상 자기사랑이란 곧 내가 나를 인간으로서 사랑하는 것이다. 따라서 내가 나를 인간으로서 사랑한다면 필연적으로 존엄한 존재인 인간으로서의 나를 존중하기 마련이다. 누군가를 인간으로서 사랑하고 존중하지 않고 상품이나 도구로 간주하는 것은 인간에 대한 사랑이 아니다. 심리학에서는 인간을 인간으로서 대하지 않고 상품화, 도구화하는 것을 모두 학대로 규정하고 있다.

인간인 나를 사랑할 수 있어야 타인을 사랑할 수 있고, 이로써 남과 나를 모두 존중하는 진짜 자존감이 성립 가능하다. 진짜 자존감의 마지막 요소인 자기존중에 대해서는 다음 부에서 더욱 자세히 살펴보려 한다.

나의 가치 평가 VS. 타인들의 가치 평가

나의 가치 평가 기준이 타인들의 가치 평가 기준과 항상 100퍼센트 일치하는 것은 아니다. 나는 타인과 다른 나만의 가치 평가 기준을 가질 수도 있다. 이런 불일치가 발생하는 가장 큰 원인은 신념과 가치관의 차이에서 비롯된다. 사람은 행동주의 심리학의 주장처럼 외부 자극에 때마다 반응하면서 살아가는 카멜레온 같은 존재가 아니다. 우리는 삶의 과정에서 특정한 사상이나 이론을 신념화하고 그것에 기초하는 가치관을 정립한다.

이는 철학을 연구하거나 특정한 정치 이념을 학습하는 것처럼 의식적으로 이뤄질 수도 있고, 중요한 주변 인물이나 사회 집단에게 알게 모르게 영향을 받는 무의식적 과정이 될 수도 있다. 어떤 경우이든 일단 신념과 가치관이 형성되면 사람은 여기에 기초해 일관성 있는 가치 평가를 하게 된다. 예를 들어 사회주의 사상을 신념화하고 그것에 기초하는 가치관을 정립한 사람은 자본주의 체제를 변혁하기 위해 싸우며 성공이나 돈으로 사람을 평가하는 사회 풍조에 일관되게 반박할 수 있다.

나만의 신념과 가치관이 나에 대한 가치 평가를 좌우한다는 것은 타인들의 평가보다 나의 평가가 자존감에 더 큰 영향을 미치는 것을 의미한다. 물론 신념과 가치관이 뚜렷이 정립되지 않은 어린 시절에는 타인들의 가치 평가가 거의 절대적인 영향력을 행사한다. 그러나 신념과 가치관이 정립되는 시기부터 타인들의 평가보다는 자기만의 평가가 더 큰 영향력을 행사한다.

나의 가치 평가와 타인들의 가치 평가 사이에 불일치가 발생하는 원인은 하나 더 있다. 바로 내가 나를 가장 잘 알고 있다는 사실 때문이다. 인생을 살아오면서 내가 했던 생각, 내가 했던 말, 내가 했던 행동은 모두 나의 머릿속에 저장된다. 즉 이 세상에 나만큼 나에 대해 잘 아는 사람은 없으며, 누구나 이 명료한 사실을 알고 있다. 따라서 사람들은 타인들의 평가보다 자기의 평가를 더 신뢰하고 두려워한다.

가치 평가와 감정은 서로 연결되어 있다

가치 평가는 대상에 대한 태도를 결정하며 그에 따라 감정이 유발된다. 태도(attitude)란 간단히 말해 어떤 대상이 '좋다' 혹은 '싫다'로 나뉘는 마음의 입장이라고 정의할 수 있다. 여기서 대상에는 이념이나 생각, 사물, 타인 등 모든 것이 포함될 수 있다. 반면 마음의 입장은 기본적으로 '좋다(好)-싫다(惡)'에 대한 평가와 관련된 한 가지 차원으로 집약된다. 흔히 태도 검사지들의 답변 문항을 보면 대체로 '매우 좋다-좋다-보통이다-싫다-매우 싫다'와 같이 구성되어 있다. 이런 문항 구성을 통해서도 알 수 있듯이 태도 검사는 '좋다-싫다'를 측정하는 것이 기본이다.

앞에서 가치란 나에게 이로운가 해로운가에 대한 판단에 의해 결정된다고 언급한 바 있다. 어떤 대상의 가치가 높다는 것은 나에게 이롭다는 것이고, 가치가 낮다는 것은 나에게 해롭다는 것을 의미한다. 사람은 자신에게 이로운 것은 좋아하지만 자신에게 해로운 것은 싫어한다. 따라서 가치가 높은 대상에 대해서는 '좋다'는 태도를, 가치가 낮은 대상에 대해서는 '싫다'는 태도를 갖게 된다. 한마디로 가치 평가는 필연적으로 태도를 유발한다는 뜻이다.

태도는 감정 형성의 기초가 된다.[33] 감정은 태도에 기초해 형성되는 주관적 체험이기 때문이다. 어떤 대상에 대해 태도가 정해지면 긍정적인 혹은 부정적인 감정 반응이 나온다. 이것은 그 대상에 대한 호의적 혹은 비호의적 반응이나 행동으로 이어진다. 이를테면 개를 데리고 산책하다 보면 개에 대한 태도에 따라 각기 다른 감정 반응이 유발되는 현상을 금방 관찰할 수 있다. 개라는 대상에 '좋다'라는 태도를 가진 사람은, 멀리서 개의 모습만 보아도 얼굴에 미소가 번지며 반갑게 인사를 건네기도 한다. 반면 '싫다'는 태도를 가진 사람은 긴장되어 표정이 굳어지고 개를 피해 간다. 이를 도식화하면 다음과 같다.

가치 평가	가치가 높다(나에게 이롭다) ➡ '좋다'라는 태도 ➡ 긍정적 감정
	가치가 낮다(나에게 해롭다) ➡ '싫다'라는 태도 ➡ 부정적 감정

마찬가지로 나의 가치에 대한 평가 결과에 따라 나에 대한 태도가 결정되고 그에 따라 나에 대한 감정 반응이 유발된다. 스스로를 가치

있는 사람이라고 평가하면 나에 대해 '좋다'는 태도를 갖고 긍정적인 감정을 체험하게 된다. 반대로 스스로를 가치 없는 사람이라고 평가하면 나에 대해 '싫다'는 태도를 갖고 부정적인 감정을 체험하게 된다. 이렇듯 자존감에는 나의 자기개념과 가치에 대한 평가만이 아니라 그것에서 비롯되는 나에 대한 감정이 포함되어 있다.

이에 대해 최초로 언급한 심리학자는 윌리엄 제임스(William James)이다. 그는 일찍이 1890년에 자존감의 본질에 관해 설명하면서 다음과 같은 세 가지 중요 사항을 강조했다.

• 자존감은 자신에 대한 가치 판단에 의존한다.
• 자기개념과 그에 대한 가치 판단은 다른 사람들의 관점과 밀접하게 연관된다.
• 인정이든 비난이든 가치 판단에는 감정적 반응이 수반된다.[34]

일부 한계가 있기는 하지만, 제임스의 이론은 자존감 연구에 중요한 공헌을 했다. 자존감이 자신의 가치에 대한 평가에 기초하며, 그 평가에 타인들이 중요한 영향을 미친다는 것, 가치 평가가 필연적으로 유발하는 감정 반응이 자존감에 포함된다는 그의 견해는 현재까지도 유효하다.

4부

진짜 자존감은

타인을 볼 줄

아는 것이다

자존감을 _____
논하면서 연대의 중요성을 말하면 일부 심리학자들은
거부감을 드러낼지도 모른다. _____
_____ 그러나 나를
있는 그대로 수용해주고 존중해주는 소속 집단의 _____
존재는 잘못된 사회가 강요하는 스트레스를 치유하고
_____ 올바른 신념과 가치관을 유지하도록 돕는다.
선한 이웃과의 연대와 건강한 _____
소속 집단은 _____
자존감의 수호자이자 중요한 원천이다. _____

자존감이
삶의 방식을
바꾼다

인간의 삶에서 중요한 것이 단지 살아남는 것이 아니라 사람답게 잘 사는 것이라는 데 동의하는가. 그렇다면 무엇보다 '삶의 질'에 주목해야 한다. 그런데 이 삶의 질을 결정적으로 좌우하는 것 가운데 하나가 바로 자존감이다. 자존감은 우리의 욕구, 감정과 영향을 주고받으며, 행복한 삶과 불행한 삶, 자유로운 삶과 세상에 얽매인 삶, 용기 있는 삶과 비겁한 삶을 판가름한다고 말할 수 있다.

● 행복을 추구하는 삶 VS. 고통을 피하기 위한 삶

사회가 건강해서 사람들에게 별다른 문제가 없다면, 사람은 무엇보다 기본 욕구를 실현하기 위해 살아갈 것이다. 즉 사랑의 욕구, 양심의 욕구, 통제 욕구, 정신 문화적 욕구, 자기존중의 욕구 등을 실현하고자 할 것이고 인생 목표는 그런 욕구들에 기초해 설정될 것이다. 기본 욕구란 인간 본성에 기초하는 욕구이므로 이를 실현하기 위해 살아간다는 것은 곧 인간 본성을 실현하기 위해 산다는 것을 의미한다. 심리학자 에리히 프롬은 어떤 존재가 자기의 본성대로 살 때 정신이 건강해지고 행복해지며, 자기의 본성대로 살지 못할 때 정신 건강이 악화되고 불행해진다고 강조한 바 있다.[35] 이를테면 호랑이의 본성을 육식 동물로 가정할 경우, 호랑이가 직접 사냥해서 고기를 먹어야 행복하지, 유기농 야채죽을 먹으면 불행해진다는 것이다.

모든 생명체가 그렇듯이 인간도 인간 본성대로 살아야 행복하다. 이것은 인간이 인간 본성에 기초하는 기본 욕구를 원만히 충족시키는 삶을 살 때 비로소 행복해질 수 있음을 의미한다. 따라서 건강한 정신으로 기본 욕구에 충실한 인생 목표, 인간 본성의 실현과 관련된 인생 목표를 달성하기 위해 살아간다면 행복으로 향하는 삶이라고 말할 수 있다. 그러나 안타깝게도 지금 한국의 현실에서 이런 삶을 누리는 사람은 많지 않다.

사람에게 무가치감, 무력감 등의 부정적인 감정은 곧 고통으로 이어진다. 무력감에 지속적으로 시달리면서 희희낙락할 수 있는 사람은 없다. 부정적인 감정으로 인해 극심한 고통을 겪으면 사람은 어떻게 해서든 그 고통에서 벗어나기 위해 필사적으로 발버둥 치는데, 바로 이 지점이 삶의 질이 떨어지는 분기점이라고 할 수 있다. 이런 고통의 정도가 심해질수록 대부분의 심리적 에너지는 기본 욕구의 실현에 쓰이지 못하고 고통으로부터 자기를 보호하는 자기방어적인 활동에 집중된다. 고통이 극심한 상황이 계속되면서 이로부터 도망치려는 병리적인 욕구가 정상적인 인생 목표를 대치하기 때문이다.

예를 들어 부모에게서 성적에 관계 없이 조건 없는 사랑을 받으면 자신이 진짜 하고 싶은 관심사를 건강한 인생 목표로 삼고 이를 실현하기 위해 노력할 수 있다. 그러나 부모에게서 성적에 따른 조건부 사랑을 받아 정신적 고통이 극심해지면 '공부를 못하면 엄마아빠한테 버림받을지도 몰라. 어떻게든 잘해야 돼'라는 병리적인 인생 목표에 치중하게 되는 식이다.

사람은 자존감이 낮아지면 기본 욕구가 아니라 의존 욕구, 지배 욕구, 과시 욕구 같은 병적인 욕구를 실현하려는 경향이 있다. 또한 버림받을지도 모른다는 두려움이나 무가치감, 무력감과 같은 부정적 감정으로부터 도망치고자 한다. 예를 들어 당사자가 의식하건 의식하지 못하건, 돈을 많이 벌어서 부자가 되겠다는 인생 목표는 과시 욕구의 실현이나 무가치감의 방어를 위해 설정된 병리적인 목표일 수 있다. 고통을 피하기 위해서 살아가는 삶이 행복할 가능성은 낮다. 자존감이 낮은 경우 삶의 질이 전반적으로 낮아지고 만족감을 느끼기 어려운 것은 이 때문이다.

건강한 인생 목표를 달성하기 위해서 살아간다면 그 목표를 향해 나아가는 과정에서도 기쁨과 만족을 얼마든지 경험할 수 있다. 서울에 사는 누군가가 부산이 너무 좋아서 그곳에 가기를 바란다면, 그는 수원에 도착해서도 기쁘고, 대전에 도착해서도 기쁘며, 대구에 도착해서는 더욱 기쁠 것이다. 그러나 두려움에 쫓기는 삶, 고통을 피하기 위한 삶을 살아간다면 기쁨과 만족을 맛볼 여유가 없다. 그는 서울이 무서워서 수원으로 달려가고, 수원에 도착해서도 무서워서 부산까지 달려갈 것이다. 끝없이 도망치는 삶을 사는 사람은 언제가 되든 행복해질 수 없다.

● 세상을 변혁하는 삶 VS. 세상에 적응하는 삶

사람과 동물의 삶의 방식에는 결정적인 차이가 있다. 동물은 세계에 적응하는 방식으로 살아간다. 즉 동물은 환경이 변하면 살아남기 위해 열심히 적응하며 이에 실패하면 멸종한다. 때문에 동물의 삶의 방식과 환경은 먼 옛날이나 지금이나 똑같다. 수천 년 전의 벌이 벌집을 짓든 오늘날의 벌이 벌집을 짓든 본질적으로 두 벌집은 똑같다는 것이다. 그러나 수천 년 전 인간이 지은 집과 오늘날 인간이 지은 집은 엄청나게 다르다. 어제의 인간과 오늘의 인간이 다르고, 어제 인간의 창조물과 오늘 인간의 창조물이 다른 것은, 인간은 세계에 적응하는 방식으로 살아가는 존재가 아니라 세계와 자기 자신을 변혁하는 방식으로 살아가는 존재임을 뚜렷이 보여준다.

이런 점에서 인간의 조상이었던 유인원이 세계에 적응하기를 그만두고 세계를 변혁하기를 원했을 때 비로소 인간이 탄생했다고 말할 수 있다. 즉 유인원이 산과 들에 떨어진 곡식을 주워 먹는 방식 대신 곡식을 직접 기르는 방식으로 전환했을 때 지구상에 인간이 탄생한 것이다. 인간의 삶의 방식이란 본질적으로 세계를 변혁하면서 사는 것이지, 단지 적응하는 것만은 아니다. 따라서 세계를 변혁하려는 욕구와 능력을 상실한 인간은 진정한 인간의 조건을 상실했다고 말할 수 있을지도 모른다.

이를 자존감에 적용해서 말해보자. 자존감이 높은 사람은 자기 확신이 강한 만큼 사회가 잘못되었다고 판단되면 사회에 적응하기보다 바꿔보려 시도한다. 인간이 인간으로서 존중받지 못하는 상황을 용납하지 않기 때문이다. 반면 자존감이 낮으면 자기 확신 또한 약해 설사 사회가 잘못되었다는 것을 알고 있다 하더라도 사회를 바꾸기보다는 어떻게든 적응하려 한다. 인간이 인간으로서 존중받지 못하는 상황에 둔감하기 때문이다.

자존감이 높은 사람과 자존감이 낮은 사람의 삶의 방식이 크게 다른 것은 그들이 세우는 목표의 질과도 관련이 있다. 자존감이 높은 사람은 사회적으로 가치 있는, 도전의식이 필요한 목표를 선호하는 반면, 자존감이 낮은 사람은 남들이 보기에 무난한, 모험이 필요 없는 안전한 목표를 선호한다. 이러한 목표 수준이나 질의 차이는 다시 자존감에 영향을 미치는데, 출발선이 같았다 하더라도 삶의 질 차이는 시간이 흐를수록 현격하게 벌어지기 시작한다.

● 시련을 이겨내는 삶 VS. 시련에 굴복하는 삶

인생을 살다 보면 항상 좋은 일만 있는 것은 아니며 누구나 시련을 겪기 마련이다. 이런 시련을 잘 극복하는가, 그대로 주저앉는가는 삶의 질을 크게 좌우한다.

자존감이 높은 사람은 자신의 가치와 능력을 신뢰하기에 긍정적이고 낙관적인 사고를 하는 경향이 있다. 사자는 무서운 맹수임이 분명하지만, 만일 나에게 좋은 총과 뛰어난 사냥 능력이 있다면 사자가 나타나더라도 별로 두렵지 않을 것이다. 자존감은 이런 방어 도구와 같은 역할을 한다. 자존감이 낮은 사람은 자신의 가치와 능력을 불신하므로 부정적이고 비관적인 사고를 하는 경향이 있다. 나에게 아무런 무기가 없고 나에게 사냥이나 달리기 능력도 없다면 사자를 만나는 순간 공포에 사로잡혀 꼼짝 못할 것이다. 이렇듯 자기 자신에 대한 신뢰가 없으면, 세상만사를 두려워하고 시련에 취약해지기 쉽다.

일시적으로는 어려움을 겪더라도 자신의 가치와 능력을 신뢰하며, 긍정적인 사고를 하는 사람은 다시 일어설 수 있다는 희망을 품는다. 그러나 자신의 가치와 능력을 불신하며, 부정적이고 비관적인 사고를 하는 경향이 있을 경우 어려움을 겪으면 크게 낙담하여 자포자기 상태에 빠질 가능성이 높다. 역경에 직면했을 때 다시 일어서게 해주는 회복 탄력성이 약해지는 것이다.

자존감이 높은 사람은 자신의 신념과 가치관에 대한 확신이 강하고 타인의 인정과 존중에 연연하지 않는다. 따라서 자신이 옳다고 믿는 바를 실현하기 위해서 용감하게 싸워나갈 수 있다. 자존감이 낮은 사람은 자신의 신념과 가치관에 대한 확신이 부족하고 타인의 인정과 존중을 중요하게 여긴다. 설사 자신이 옳다고 믿는 것이 있다 하더라도 반대를 받으면 적당히 타협하거나 포기하는 경향이 있다.

건강한 자존감을 지닌 사람에게서 항상 '당당함'이 풍겨져 나오는 이유를 알겠는가. 올바른 인생 목표를 달성하기 위해서 열정적으로 달려가고, 불의한 세상에 적응하기보다 바꿔보려 애쓰며, 시련과 난관에 부딪혀도 거침없이 질주하기 때문이다. 이런 삶은 그 자체로 아름답고 멋지며, 이 과정에서 자존감은 계속 높아진다.

이와 달리 자존감 낮은 사람, 가짜 자존감에 매달리는 사람에게서는 '비굴함'이나 '초라함'을 지우기 힘들다. 맹수에게 쫓기는 것과 같은 수동적이고 맹목적인 삶에서 벗어나지 못하고, 부당한 사회적 압력에 저항하기는커녕 적응하려 들며, 시련을 겪을 때마다 피하거나 굴복하기 때문이다. 더 큰 문제는 이런 삶을 살아가는 과정에서 자존감이 계속 깎여나간다는 것이다.

이렇듯 자존감은 삶의 질에 큰 영향을 미치고, 그 삶의 질이 다시 자존감에 영향을 미치는 식으로 선순환 혹은 악순환의 관계를 갖는다. 지금부터는 이런 삶의 질을 전제하는 조건이자 자존감의 마지막 요소, 자기존중에 대해 알아보자. 타인과 함께 사는 사회에서 건강한 자존감을 유지하고 키워나가는 길에 대해서도 이야기하게 될 것이다.

자기존중의 욕구는
존중받아
마땅하다

자기존중의 욕구란 풀어서 설명하면 사회적 가치가 높은 존재가 되고 싶어 하는 욕구, 사회 기여 활동을 하고 싶어 하는 욕구라고 말할 수 있다. 자신이 사회적 쓸모가 있는 가치 있는 존재이고 사회 기여 활동을 하고 있는 존재라고 확신하게 되면, 자신의 가치를 높이 평가하게 되므로 자기존중이 가능해진다. 인간에게 이런 욕구가 있다고 주장했던 대표적인 심리학자는 인본주의 심리학자인 에이브러햄 매슬로(Abraham Maslow)다. 그의 욕구 이론을 간단히 도식화하면 다음과 같다.

욕구	내용
자아 실현 욕구	잠재력, 창조성 실현 등
자기존중(자존)의 욕구	사회적 평가와 존경 등
사랑과 소속감의 욕구	친구, 사회 관계 등

| 안전(안정감)의 욕구 | 건강, 안정감 등 |
| 생리적 욕구 | 먹을 것, 입을 것 등 |

　매슬로는 하위 욕구가 실현되어야 상위 욕구가 실현되기 수월하다는 일종의 욕구 위계 이론을 주장했다. 하위 욕구에 해당하는 배고픔의 문제조차 해결하지 못한 사람에게 그보다 상위 욕구인 자기존중의 욕구는 사치품일 수 있다는 것이다. 이러한 주장은 많은 반론에 직면했고, 매슬로도 말년에는 하위 욕구가 충족되지 않아도 상위 욕구를 가질 수 있다면서 자신의 주장을 철회했다. 여기서 우리가 관심을 가져야 하는 것은 '사랑과 소속감의 욕구' 그리고 '자기존중의 욕구'이다.

● '사랑받기'가 먼저인가, '사랑하기'가 먼저인가

　여기서 사랑과 소속감의 욕구는 자기수용, 자기사랑과, 자기존중의 욕구는 자기존중, 즉 자존감과 관련이 있다. 이 문제를 앞에서 등장했던 외지인의 사례를 들어 살펴보자.

　외지인을 받아들이지 않던 마을 사람들이 그를 받아들이고 마을에서 함께 살게 해준다. 이것이 '수용'이다. 마을 사람들이 외지인과 친해져 그를 귀중하게 여겨 아껴주며 인간으로서 존중해준다. 이것이 '사랑'이다. 외지인이 뛰어난 손재주로 마을에 필요한 농사 도구들을 만들어내자 마을 사람들이 그를 높이 평가하고 존경한다. 이것이 '존중'이다. 매슬로의 욕구 위계 이론에 따르면, 외지인은 마을에 일단 수용되고 사랑받게 되어야 비로소 존중받고 싶은 욕구에 눈을 뜨게 될 것이다.

반면 매슬로의 욕구 위계 이론을 비판하는 심리학자들에 의하면, 외지인은 애초부터 마을에 수용되고 사랑받을 뿐만 아니라 존중받고자 하는 욕구를 동시적으로 가지고 있다고 할 수 있다. 다만 당장에는 마을에 들어가서 정착하는 것이 중요하므로 수용에 집중할 뿐이다.

나는 평범한 사람들을 기준으로 따져볼 경우, 현실적으로는 매슬로의 욕구 위계 이론이 더 보편적이라고 생각한다. 물론 사랑과 소속감의 욕구가 실현되지 않은 상태에서도 사람의 내면에는 분명히 자기존중의 욕구가 잠복해 있겠지만, 하위 욕구가 원만히 실현되지 않으면 현실적으로 그것이 전면화되거나 부각되기 어렵기 때문이다. 어느 견해가 맞느냐를 떠나서 자기존중의 욕구가 인간에게 절실하게 필요한 기본 욕구라는 사실은 변함이 없다. 인간은 일단 기초적인 욕구가 해결되면(혹은 기초적인 욕구가 해결되지 않은 상태에서도) 자기존중을 갈망하기 마련이다.

사람은 정신 건강이 양호할수록 또 나이를 먹어갈수록 자신이 사회적으로 가치 있는 존재가 되고 스스로를 존중할 수 있게 되기를 열망한다. 우선 정신 건강이 양호해야 자기존중의 욕구가 정상화된다. 정신 건강이 양호하지 않으면 '사랑하기'가 잘 이뤄지지 않는다. 어릴 때의 사랑은 기본적으로 '사랑하기'가 아니라 '사랑받기'다. 사랑을 받아본 경험이 부족한 아이는 사랑이 무엇인지를 잘 알지 못한다. 더욱이 어렸을 때에는 사랑을 할 수 있는 능력도 턱없이 부족하다. 예를 들어 아버지가 직장을 잃고 슬퍼할 때, 아버지를 위로하며 격려해주는 것이 사랑이라는 것을 알지 못하거나, 아버지를 위로해주기 위해 한품에 껴안아주고 싶어도 그러질 못한다. 한마디로 사랑에 대해서 아직 상대적으로 무지하고 필요한 능력이 채 발달되지 않았기 때문에 이 시기에는 '사랑하기'보다 '사랑받기'가 기본적이다.

반면 성인에게 가장 중요하고 기본적인 사랑은 사랑받기가 아니라 사랑하기다. 정상적으로 성장한 성인은 어린 시절의 경험, 나름의 사색과 공부를 통해 사랑이 무엇인지를 상대적으로 더 많이 알게 된다. 또 사랑을 하는 데 필요한 능력도 갖추고 있다. 즉 '사랑하기'를 가능하게 하는 여러 능력들이 충분히 발달된 것이다.

그런데 정신 건강이 양호하지 않다는 것은 어린 시절 사랑받기의 욕구가 충족되지 못했고, 사랑이 무엇인지 잘 알지 못하며, 사랑을 할 수 있는 능력도 부족하여 성인이 되어서도 사랑받기에 집착하는 것과 관련이 있다. 이런 사람은 사랑의 욕구를 원만히 충족시키기가 힘들다. 타인들과 사랑을 주고받는 건강한 관계를 맺지 못하고 그 결과 건강한 사회 집단에 소속되기도 어렵기 때문이다. 이런 상황에서는 자기존중의 욕구가 전면화될 가능성이 낮다. 즉 사랑하기가 아닌 사랑받기에 몰두하느라 사회에 기여하려는 자기존중의 욕구에 눈을 돌리기가 힘들다는 것이다.

● 자기존중의 욕구는 나이가 들수록 강해진다

나이가 들수록 자기존중의 욕구는 더 강렬해진다. 정상적인 발달 과정을 거친 사람이라면, 성인이 되고 나이를 먹을수록, 사회에 기여하려는 열망이 더 커진다. 심리학자 에릭 에릭슨(Erik Erikson)은 중년기 무렵에 사회 기여 활동을 하고 싶어 하는 생산성에 대한 열망이 최고조에 이른다고 강조한 바 있다. 그의 주장이 아니더라도 정상적인 사람들을 잘 관찰해보면, 흔히 중장년기인 경우 사회를 위해서 무엇인가 기여하고 싶어 하는 열망을 강하게 드러내며, 노년기에는 그런 열망이 더욱 커지거나 절정에 달하는 모습을 발견할 수 있다.

"자존감은 인간의 기본 욕구다. 우리가 이해하거나 동의하는지의 여부와는 상관없이 우리에게 영향을 끼친다"[36]라는 말이 알려주듯, 오늘날 대부분의 심리학자들은 자기존중의 욕구가 인간의 기본 욕구라는 견해에 동의하고 있다. 심리학자 브랜든은 이와 관련해 다음과 같이 말하기도 했다.

알면 알수록 자존감이야말로 근본적이고 강력한 인간의 욕구이자, 건강한 적응 즉 인간이 최적의 기능을 유지하고 자기를 실현하는 데 반드시 필요한 욕구라는 것을 깨닫게 되었다. 자존감의 욕구가 좌절되면 우리는 고통을 받고 발달도 방해를 받는다. 생물학적인 원인에서 비롯된 장애를 제외하고, 나는 자존감의 결핍에서 기인하지 않은 심리적 문제를 단 하나도 생각할 수 없다.[37]

어떤 것이 기본적인 욕구인가 아니면 부차적인 욕구인가는 그것이 실현되지 않았을 때의 후유증이 어느 정도인가를 통해서도 쉽게 확인할 수 있다. 만일 어떤 욕구가 실현되지 않았을 때, 심각한 후유증이 나타난다면 그 욕구는 기본적인 욕구일 가능성이 높다. 반대로 어떤 욕구가 실현되지 않았을 때 별다른 문제가 없거나 오히려 좋은 결과가 나타난다면 그 욕구는 부차적인 욕구이거나 인위적인 욕구(병든 사회가 인위적으로 유발시킨 인간 본성에 반하는 욕구)이다.

현대인들의 절대다수가 자존감 문제로 고통을 겪고 있으며, 그것에 지대한 관심을 표명하고 있다는 것은 자기존중의 욕구가 실현되어도 괜찮고 실현되지 않아도 괜찮은, 사소한 욕구가 아니라 인간의 기본 욕구임을 뚜렷이 시사해준다.

● 사회에 기여하기를 바라는 열망에 대하여

약간 다른 이야기일 수도 있지만, 모든 성인에게 인간으로서의 존엄성을 지키며 살 수 있도록 최소한의 생활비를 지급해야 한다는 기본소득제[38]는 인간은 사회에 공헌하는 정도와 상관없이 존엄한 존재로서 존중받아야 한다는 신념에 기초한다. 즉 사회 혹은 공동체는 각각의 개인이 사회에 얼마나 기여하는가와 상관없이 그들을 수용하고 사랑하며 인간으로서 존중해주어야 한다는 믿음에 비롯된 것이다. 어린 자식은 집안 살림에 보탬이 되지 않는다. 그러나 부모는 어린 자식이 돈을 벌어오지 않더라도, 자식을 사랑하고 존중해준다. 내 자식은 사랑과 존중을 받아야 마땅한 존재인 인간이기 때문이다.

기본소득제의 바탕이 되는 철학은 여기에서 출발한다. 사회는 사회 구성원들이 현 시점에서 사회에 별다른 기여를 하지 못하더라도, 그들을 수용하고 사랑하고 존중해주어야 한다. 그들은 사랑과 존중을 받아야 마땅한 존엄한 존재인 인간이기 때문이다. 부모가 자식을 인간으로서 사랑하고 존중해주면 자식의 자존감의 기초가 튼튼히 닦인다. 마찬가지로 사회가 사회 구성원들을 인간으로서 사랑하고 존중해주면 모두의 자존감은 그 기초가 복구되거나 튼튼해질 것이다.

어릴 때에는 인간으로서의 존중만으로도 충분하지만, 성장하면서부터는 사회적 가치 평가에 따른 존중이 점점 더 필요해진다. 사람은 누구나 성인이 될수록 사회적 가치가 있는 사람이 되기를 열망한다. 성인의 경우에는 자신이 실질적으로 사회에 기여하는 쓸모 있는 사람인가 아닌가가 자기평가에 반드시 반영되고, 그 결과에 따라 스스로를 존경할 수 있는가 없는가가 결정된다. 이것은 자존감에 대한 사람의 열망이 본질적으로 사회에 기여하기를 바라는 욕구임을 의미한다.

사람은 누구나 자기존중의 욕구를 가지고 있을까? 자기존중의 욕구는 얼마나 중요한 욕구일까? 이것이 인간에게 매우 중요한 욕구라면 아이는 성장하면서 사회에 기여하는 사람이 되기 위해 열심히 노력하여 자기존중의 욕구 실현으로 나아갈 것이다. 기본소득으로 마음의 안정을 보장받은 사회 구성원들 역시 사회에 기여하는 활동을 함으로써 자기존중의 욕구 실현으로 나아갈 것이다. 즉 모든 사회 구성원들이 자기존중의 욕구를 실현할 수 있는 사회가 질 높은 사회이고 건강한 사회인 것이다.

어차피 남과
비교를 하지
않을 수는 없다

우리가 앞서 살펴본 거의 모든 자존감 문제의 뒤에는 '비교'라는 원흉이 숨어 있다. 우리는 지극히 자연스럽게 사회에서 다수가 무엇을 기준으로 사람을 평가하는지를 파악한 다음, 그 기준에 따라 타인과 자신을 여러 측면에서 비교한다. 어쩌면 이런 사회적 비교는 우리가 사회적 존재로서 긴 마라톤을 하면서 결코 피할 수 없는 허들 같은 역할을 하는지도 모른다.

사회적 비교는 가치 평가 과정에도 상당한 영향을 미친다. 이를테면 돈과 외모가 사람을 평가하는 기준이라고 믿고 있는 사람은 자신의 직업(연봉)과 외모를 타인과 비교해 자신의 가치를 평가한다. 그렇다면 사회적 비교에 민감한 것이 좋을까, 덜 민감한 것이 좋을까? 심리학 연구들에 의하면 자존감이 낮을수록, 우울감이 심할수록 사회적 비교에 더 민감하다.

즉, 자존감이 높은 사람은 상대적으로 타인과 비교를 덜 하고, 비교를 하더라도 상처를 덜 입는 편이다. 반면 자존감이 낮은 사람은 상대적으로 타인과 비교를 많이 하고 그 과정에서 더 심각한 상처를 입는 경향이 있다. 이 때문에 일부 심리학자들은 쓸데없이 타인과 자기를 비교하지 말라면서, 타인이 아니라 '과거의 나와 오늘의 나'만을 비교하며 살라는 멋들어진 충고를 하기도 한다. 그런데 과연 타인과 비교하지 않으면서 사는 것이 가능하기는 한 것일까?

사회적 비교를 하지 않고 살기란 불가능할 뿐만 아니라 바람직하지도 않다. 비교는 세계를 인식하는 중요한 수단이자 방법이다. 사람들은 여러 사물 현상을 서로 비교함으로써 각각의 본질과 특성을 더 정확히 파악하며, 사물 현상들 사이의 연관 관계를 이해하게 된다. 예를 들면 내가 가지고 있는 연필을 다른 연필들과 비교해봐야 내가 사용하고 있는 연필의 특징을 더 정확히 파악하고 이해할 수 있다. 즉, 비교란 사람의 인식 과정에서 필수적인 수단이자 방법이다. 따라서 그것을 제거하는 것은 불가능하고 또 바람직하지도 않다. 억지로 비교하지 않으려고 애를 쓰면 오히려 인식 능력에 문제가 생기기 쉽다는 것이다.

● 진짜 문제는 비교가 아니라 기준이다

사회적 비교 역시 원래는 순기능을 하는 중요한 인식 수단이자 방법이다. 그렇다면 왜 사회적 비교에 민감한 사람일수록 마음에 더 심한 상처를 입고 우울해지는 것일까? 사회적 비교를 해서가 아니라 잘못된 기준에 따라 사회적 비교를 했기 때문이다. 예를 들어 "아직도 비정규직이라고? 언제까지 그렇게 살래?" 같은 말을 들으면 누구든 기분이 나빠지거나 우울해지고 화가 날 것이다. 사람들은 직업이나 돈과 같은 기준으로 비교를 당하면 억울해하고 고통스러워한다. 우리 모두, 적어도 무의식적으로는, 사람을 직업이나 돈으로 비교하는 것이 옳지 않다고 믿기 때문이다. 따라서 비정규직이라고 무시당하면 즉각 무의식적으로는 '왜 정규직이 나보다 더 높은 평가를 받아야 하는데?', '왜 내 직업을 가지고 나를 무시하는 거야?'라고 반발한다. 그렇다면 정당한 기준으로 사회적 비교를 하는 것은 아무런 문제가 없을까?

"나는 세종대왕이 너보다 더 훌륭하다고 생각해."

"김대중 전 대통령이 너보다 더 훌륭해."

보통 이런 말을 듣고 크게 상심하거나 상처 입을 사람은 거의 없다. 세종대왕이나 김대중 전 대통령이 사회에 크게 기여한 사람이라는 사실을 분명히 인정하므로 그들이 나보다 더 높은 평가를 받더라도 억울하거나 화가 날 일이 없다. 우리는 사람을 사회적 가치에 따라 평가하는 것에 대해서는 전혀 문제시하지 않는다. 아니, 공정한 기준으로 평가해주는 사회라면 오히려 정의롭다고 여긴다. 사람은 무조건 자기가 남들보다 더 높은 평가를 받아야 만족하는 옹졸한 존재가 아니라,

정당한 기준으로 공정하게 평가받아야 만족하는 존재이다.

사회적 비교가 본의 아니게 우리에게 상처를 주는 것은 잘못된 기준으로 사회적 비교를 한 결과에 따라 사람들을 차별하거나 무시하고 학대하는 문화가 만연하기 때문이다. 사람을 그의 사회적 가치가 아니라 직업이나 돈 같은 잘못된 기준으로 평가하는 것은 곧 그 사회가 불의한 사회이자 병든 사회임을 의미한다. 바꿔 말하자면 사회적으로 아주 낮은 평가를 받아 마땅한 사람들이 권력과 부를 거머쥐고 오히려 떵떵거리며 큰소리를 치는 본말전도, 가치역전의 사회라 할 수 있다.

일제 식민지에서 해방된 후 잽싸게 미군에게 빌붙어 권력과 부를 거머쥐는 데 성공했던 친일파들이 큰소리를 치며 독립운동가들을 천대했던 한국은 그런 사회의 전형적인 예다. 인종을 기준 삼아 사람을 평가하고 차별하는 미국 역시 마찬가지다. 미국과 같은 병든 사회에서 다음과 같은 현상은 필연인 것이다.

미국에 사는 유럽계 미국인과 아프리카 미국인의 자존감을 비교하면 아프리카계 미국인의 자존감이 낮다. 또한 아시아계 미국인도 유럽계 미국인에 비해 자존감이 낮고 우울증 수준도 높다.[39]

지금까지의 논의를 통해서 알 수 있듯이 '사회적 비교' 그 자체는 결코 문제가 아니다. 잘못된 기준으로 사회적 비교를 하고 그 결과에 따라 사람을 차별 대우하는 것이 잘못이며, 이야말로 자존감의 요건인 자기존중의 가치를 손상시키는 주범이라는 사실을 기억해야 한다. 건강한 자존감을 세우는 첫걸음은 사회적 비교에 대한 올바른 이해에서 시작될 것이다.

우리가 남의 눈치를 보고 평가하는 이유

앞서 사람의 가치는 사회적 쓸모에 의해 평가된다고 이야기한 바 있다. 그렇다면 나 역시 나의 가치를 사회적 쓸모에 따라 평가해야 마땅하다. 그런데 왜 사람들은 사람의 가치, 나의 가치를 사회적 쓸모가 아닌 다른 기준에 따라 평가하는 것일까? 우리는 무엇보다 타인의 평가에 아주 민감한 존재이기 때문이다.

사회적 동조(conformity)에 관한 심리학자 솔로몬 애쉬(Solomon Ash)의 고전적인 실험이 있다. 그는 열 명 정도의 실험 참가자들에게 일련의 카드를 보여주었다(이들 중에서 한 명을 뺀 나머지는 모두 가짜 실험 참가자인 실험 협조자들이었다). 그중 하나의 카드에는 검은 기준 선분 A가 그려져 있었다. 다른 카드들에는 각각 A 선분과 길이가 다른 B와 C, 그리고 A와 길이가 똑같은 D까지 세 가지 선분이 그려져 있었다. 진행자는 참가자들에게 A와 비슷한 길이의 선분을 골라내라고 지시한 후, 그 결과를 한 사람씩 차례대로 크게 말하도록 했다.

사실 B, C 선분의 길이는 눈으로 아주 쉽게 확인할 수 있을 정도로 A와 차이가 났으며, 정답인 D를 찾아내기는 매우 간단했다. 그런데 실험 협조자들부터 먼저 차례대로 말하게 하고, 진짜 실험 참가자는 맨 마지막에 말하도록 순서를 배치하자 의외의 결과가 나타났다. 실험 참가자로 위장한 협조자들이 일부러 계속 틀린 답을 말하자 참가자들 중에서 33퍼센트는 일관되게 틀린 답을, 74퍼센트는 열두 번 중 한 번이상 틀린 답을 말했다.

사람들은 다수의 판단을 더 신뢰한다

실험 참가자들의 판단력에 문제가 있어서, 정말 답을 알지 못해서이런 결과가 나왔을까? 그렇지는 않다. 참가자들은 실험이 끝난 뒤에정답이 헷갈릴 정도로 문제가 어렵지는 않았으며, 자신이 틀린 답을말했음에도 불구하고 여전히 자기 눈에는 A가 D와 비슷하게 보였다고 말했다. 그렇다면 그들은 왜 다른 사람들에게 동조했을까?

우선 타인들의 의도적 오답으로 인해 정답에 대한 확신이 순간적으로 혼란에 빠졌기 때문이다. 사람은 다수의 판단 능력을 신뢰하는 경향이 있다. 어떤 새가 자기 눈에는 까치처럼 보여도 주변 사람들이 다까마귀라고 말하면 '내가 잘못 봤겠지'라고 생각하는 경향이 있다는말이다. 정답이 너무나 뻔히 보이는 문제를 다수가 틀리게 답하자, 순간적으로 '내가 잘못 생각한 게 아닐까?' 하는 혼란 상태에 빠져 믿음이 흔들린 것이다.

실제로 일부 실험 참가자들은 자신이 옳은지 혼란을 느꼈으며 자신의 시력이나 정신 상태가 멀쩡한 것인지 겁이 났다고 말하기도 했다.이것은 감정적 혼란이 이성적 판단 능력에 장애를 초래하는 전형적인예라고 할 수 있다.

또 다른 이유는 실험 참가자들이 자기 혼자만 일탈자가 되는 것에 대해 커다란 심리적 부담을 느꼈기 때문이다. 사람은 타인들과 좋은 관계를 맺고 사회 집단에 소속되려는 욕구를 가지고 있어서 사회 혹은 집단으로부터 고립되거나 버림받는 것을 아주 두려워한다. 또한 자기 존중의 욕구 때문에 타인들로부터 비웃음을 사거나 바보 취급을 당하는 것도 싫어한다.

이런 이유로 인해 참가자들은 별것도 아닌 '선분 길이 맞추기' 따위와 '일탈자의 신세'를 맞바꿀 필요가 없다고 판단했고, 자신이 일탈자임을 공개적으로 표현하는 것에 심리적으로 큰 부담을 느꼈던 것이다.

애쉬의 실험은 사람이 타인들의 평가에 매우 민감하다는 것을 보여 준다. 나를 사회적 쓸모로 평가하는 것이 옳다고 믿더라도, 사람을 돈이나 외모로 평가하는 사회에서 살다 보면 그런 믿음은 흔들리기 마련이고 타인들로부터 배척당하거나 비난받지 않기 위해서 그들의 잘못된 기준을 받아들일 가능성이 높아진다.

심리학자 조지 허버트 미드(George Herbert Mead)는 자존감이 타인과의 관계와 연관되어 있다고 강조했다. 그는 1934년에 출간된《정신, 자아, 사회(Mind, Self, and Society)》라는 저서에서 자존감이 근본적으로 대인 관계에서 생겨나는 현상이라고 주장했다. 미드에 의하면 자존감은 소속감에서 기인하는 것으로서 그 무엇보다 부모나 교사 또는 친구들에 의해 자존감이 결정된다. 사회적 존재인 사람은 가족, 친구, 지인과 만족스럽고 지속적인 관계를 유지할 때 자기에게 만족하고 나아가 사회에 공헌하는 기분을 느낄 수 있기 때문에 소속 집단이 자존감에 결정적인 영향을 미친다는 것이다.[40]

진짜 자존감을
복원하기 위한 조건

한국처럼 자기존중의 가치가 쉽사리 간과되는 사회에서는 돈이 없는 사람, 직업이 변변치 않은 사람, 외모가 떨어지는 사람, 가방끈이 짧은 사람 등 잘못된 기준에 미치지 못하는 경우, 부당하게도 자존감의 손상을 면할 수 없다. 그러나 앞에서 살펴보았듯이 그런 기준들을 충족시킨다고 해서 반드시 자존감이 높아지는 것도 아니다. 병든 사회는 모든 사회 구성원들의 자존감을 가차 없이 파괴한다. 그렇다면 이런 세상에서 살아가는 사람들은 어떻게 해야 가짜 자존감에서 벗어나 진짜 자존감을 유지하고 높일 수 있을까?

자존감을 정상화시키는 첫걸음은 사람의 가치를 평가하는 기준을 재확인하는 것이다. 거듭 강조했듯이, 사람의 가치는 사회적 쓸모, 사회에 대한 기여도 외에 다른 것으로는 평가할 수 없다. 따라서 일단 자신을 올바른 사회적 가치로 평가할 수 있어야 자존감을 높이는 문제에 대해 고민할 수 있다.

수많은 한국인의 자존감을 파괴하는 주범은 무엇보다 사람의 가치를 잘못 평가하도록 강요하는 한국 사회의 주류적인 신념과 가치관이다. 이런 신념과 가치관으로 인해 우리는 잘못된 사회적 비교에 너무나 익숙해지게 된다. 더구나 대부분의 사람들은 어른이 되기 전까지는 비판 의식이 부족하고 힘이 약하기 때문에 이런 잘못된 신념과 가치관을 쉽게 거부하지 못한다.

어릴 때 당신에게는 아버지 거울, 어머니 거울, 선생님 거울, 친구 거울 등 다양한 거울들이 있었을 것이다. 어릴 때는 비판 능력이 없어서 그 거울들이 가지고 있는 특성을 알지 못했다. 거울이 깨진 것을 보지 못하고 거기에 비친 내 모습이 깨진 것이라고 믿었다. 그래서 비난의 거울, 무관심의 거울, 비교의 거울에 비친 자기 모습을 보고 위축될 수도 있었을 것이다.[41]

● 가치 기준에 대한 해답을 찾으려는 노력

어른이 된 이후에 사람의 가치를 사회적 쓸모로 평가하는 견해가 옳다고 인정했다 하더라도, 그것을 온전히 내 것으로 만들기란 그리 쉬운 일이 아니다. '사람의 가치는 돈으로 평가하는 것이 옳다'와 '사람의 가치는 사회적 쓸모로 평가하는 것이 옳다' 중에서 후자를 선택한다고 해서 가능해지는 그런 단순한 문제가 아니기 때문이다.

사람의 가치를 무엇으로 평가하는 것이 옳은가에 대한 해답을 발견하고 그것을 굳게 확신하려면 세계와 인간에 대한 올바른 지식에 기초하는 건강한 세계관과 인생관, 이데올로기 등에 대한 깊은 사색이 필요하다. 나는 최소한 한국 사회의 본질을 어느 정도 이해할 수 있어야 사람의 가치를 무엇으로 평가하는 것이 옳은가에 대한 해답을 찾을 수 있고 그것을 신념화할 수 있다고 생각한다. 한국 사회의 본질을 알려면 자본주의에 대해서 정확히 이해하고, 자본주의 모델 중에서도 최악의 모델이라고 할 수 있는 한국적 자본주의에 대해서도 알아두는 것이 좋다.

한국 사회의 본질을 이해하기에 앞서 한국 역사에 대한 이해도 필요하다. 이를 위해서는 우리 역사를 올바로 이해하는 데 도움이 되는 책이나 자료들을 찾아 읽을 필요가 있다. 현재는 과거의 결과이다. 즉 오늘의 한국은 과거 역사의 결과물이고 오늘의 나는 과거 개인사의 결과물인 것이다. 나는 적어도 해방 이후부터 현재까지의 한국 역사를 이해하는 것이 필수라고 생각한다.

청년들의 멘토를 자처하는 많은 사람들, 그리고 거의 모든 심리학 서적들은 젊은이들에게 이렇게 조언한다. "네가 원하는 일을 하면서 살아라." 그러나 만일 누군가가 여성을 괴롭히거나 스토킹하기를 원한다고 해도 그에게 자신이 원하는 대로 하면서 살라고 권하는 것이 정말 바람직한가?

자기가 원하는 일을 하면서 사는 것이 악행이나 어리석은 방황이 아닌 의미가 있는 삶, 행복한 삶이 되려면 최소한 무엇이 옳고 그른지는 알 수 있어야 하고, 무엇이 가치가 있는지 없는지는 구분할 수 있어야 한다. 따라서 젊은이들을 위한 올바른 조언은 "올바른 신념과 가치관부터 치열하게 탐구하라. 그다음에 네가 원하는 일을 하라"가 되어야 한다.

올바른 세계관이나 이데올로기가 신념화되면 그것에 힘입어 건강한 인생 목표를 세울 수 있다. 즉 돈 버는 것, 집 사는 것과 같은 목표보다 삶의 진정성을 추구하는 목표를 세울 수 있다. 건강한 목표가 세워지면 가치 평가 기준이 명확해지므로 자존감을 높이기가 한층 쉬워진다. 그 목표를 향해서 한 걸음 내딛을 때마다 자존감이 올라갈 것이고, 그 목표를 달성하기 위해서 분투하는 삶 자체가 자존감을 지켜주고 높여주기 때문이다.

목표 지향적인 삶은 또한 사회적 능력을 계발하도록 동기를 부여하고 이끌어주기 때문에 자존감 향상에 도움이 된다. 물론 무엇인가에 쫓기면서 살더라도 능력은 계발할 수 있다. 하지만 그런 삶은 궁극적으로는 능력 계발을 방해하기 마련이고, 자존감에도 전혀 도움이 되지 않는다. 불안과 공포로 인해 '나는 아직도 부족해'라는 만성적인 걱정에서 벗어날 수가 없기 때문이다.

반면에 건강한 목표를 실현하기 위해 한 걸음씩 나아가며, 그것에 필요한 능력을 습득하고 계발하는 것에는 한계가 없고 그 과정에서 자존감이 계속 향상될 수 있다.

자기를 사랑하고
존중하는 것만으로
자존감이 높아질까?

부모들이 자식에게서 놀이를 박탈하거나 공부를 강요하면서도 별다른 문제의식이 없는 것은 어째서일까? 자식을 자신의 소유물로 간주하기 때문이다. 말로는 자식을 사랑한다고 하지만 그것은 자식을 인간으로서 존중하는 사랑이 아니다.

사랑과 존중은 자식에 대한 부모의 태도에서만 중요한 것이 아니다. 자존감을 고려하면 타인과의 관계, 그전에 나 자신과의 관계에서도 무척 중요한 요소이다. 앞서 우리는 존중이 사랑을 필수적인 전제로 포함하고 있고, 사랑에도 최소한의 존중이 포함되어 있음을 이야기했다. 따라서 자기사랑이 정상적으로 이뤄지면 최소한의 자기존중이 가능해져 자존감 확립에서 중요한 진전이 일어날 수 있다.

● 자기사랑과 존중의 대상에는 타인도 포함된다

　자기사랑이 중요한 것은 그것이 자기존중뿐만 아니라 타인 사랑과 존중의 필수 조건이기 때문이다. 심리학자 에리히 프롬은 "내가 나를 사랑한다는 것은 곧 인간으로서의 나를 사랑하는 것이다. 나를 사랑하는 사람은 인간을 사랑하는 사람이고 인간을 사랑할 수 있다. 따라서 나를 사랑하는 사람은 나와 똑같은 인간인 타인들, 나아가 인류도 사랑할 수 있다"고 강조했다. 인간을 사랑할 수 있는 능력을 가진 사람은 나를 포함하는 모든 인간을 사랑할 수 있지만, 인간 사랑의 능력을 상실한 사람은 나를 포함하여 그 누구도 사랑할 수 없는 사랑의 무능력자라는 것이다.

　그와 달리 자기사랑(자기애)을 이기주의와 혼동했던 프로이트 같은 심리학자들은 자기사랑을 경계해야 한다고 조언했다. 그러나 프롬은 이런 견해를 비판하면서 자기사랑이 이기주의와 명백히 다른 것임을 밝혔다.

　이기심과 자기사랑(자기애)은 동일한 것이기는커녕, 사실상 정반대되는 것이다. 이기적인 사람은 자기 자신을 엄청나게 사랑하는 것이 아니라 거의 사랑하지 않는다. 사실상 그는 자기 자신을 미워한다.[42]

　자기사랑이 가능한 사람이란 타인을 사랑할 수 있고 실제로 사랑하는 사람이다. 반면에 자기사랑이 불가능한 사람은 이기주의자가 되기 마련이다. 이기주의는 바로 사랑의 능력이 부재하다는 사실에서 비롯되는 병적인 심리이기 때문이다.[43]

프롬에 의하면 이기주의자는 자기만 사랑하는 사람이 아니라 '자기를 포함하여 그 누구도 사랑하지 못하는 사람', 즉 인간을 사랑할 수 있는 능력을 상실한 사랑의 무능력자다. 따라서 자기사랑을 경계하거나 두려워할 필요는 조금도 없다. 자기사랑의 부재는 타인을 사랑할 수 없게 만들 뿐만 아니라 타인의 사랑을 받을 수도 없게 만든다. 즉 내가 타인과 사랑을 주고받을 수 없게 만들어 나의 대인 관계를 치명적으로 악화시킨다.

자기사랑을 방해하는 요인들에는 여러 가지가 있지만, 그중에서도 죄의식 혹은 죄책감을 반드시 언급할 필요가 있다. 죄를 많이 지은 사람, 부도덕한 삶을 살아온 사람은 남들한테 제아무리 좋은 평가를 받더라도 자기를 사랑할 수 없고 존중할 수도 없다. 이런 사람은 잠자리가 편치 않은 것은 물론이고 자기를 혐오하고 미워하게 되어 의식적, 무의식적으로 자기공격과 파괴를 하게 되는 경우가 많다. 자신을 일부러 위험한 상황에 노출시키거나 알코올을 절제하지 않는 것, 무절제하고 방탕한 생활을 하는 것 등을 예로 들 수 있다.

사회에 도움이 되는 삶과는 한참 거리가 먼 죄 많은 삶을 살아온 사람은 죄의식으로 인해 항상 불안과 공포에 떨면서 살아간다. 이러한 죄의식이나 죄책감은 자기사랑을 방해하는 첫째가는 장애물이자 심리 치료를 불가능하게 만드는 주범이다. 그렇다면 죄의식이 심한 경우에는 어떻게 해야 자기사랑이 가능해질까? 유일한 방법은 치열한 반성과 적절한 처벌을 통해서 자기를 용서하고 자기와 화해하는 것이다. 자기사랑을 위한 이러한 노력은 자기존중, 나아가 타인까지 포용하는 진정한 자존감 확립으로 연결될 수 있다.

● 자존감에 관한 책들이 말하지 않는 것

어떤 이들은 '사람의 가치를 사회적 쓸모로 평가하자'는 생각을 신념화하기가 그렇게 어렵냐고, 이런저런 공부를 해서 올바른 지식을 습득해야만 그것이 가능하냐고 반문할지도 모른다. 적어도 현재의 한국 상황을 고려하면 나는 '그렇다'고 대답할 수밖에 없다. 다른 것은 제쳐두고, 어지간한 신념 없이는 사람을 부당한 기준으로 평가하는 사회의 잘못된 통념과 가치관에 맞서기가 대단히 힘들기 때문이다.

물론 사람의 가치 평가는 사회적 쓸모를 기준으로 삼아야 한다고 설명하면 듣는 이들 모두 고개를 끄덕이며 동의한다. 하지만 동의했다고 해서 그들이 그 시점부터 자기를 철두철미하게 사회적 가치에 근거해 평가할 수 있는 것은 결코 아니다.

대학을 졸업하고 수년째 백수 생활을 하고 있는 어떤 청년에게 "사실 당신은 사회적 쓸모가 있는 사람이다. 그러니 자존감을 가져야 마땅하다"라고 말해준다면, 그의 자존감이 곧바로 올라갈까? 나는 안

될 거라고 생각한다. 경험을 통해서도 그것이 어렵다는 사실을 몇 번이나 확인했다. 현실적인 상황이 이러하기 때문에 잘못된 세상에 끈질기게 맞설 수 있게 해줄 정도로 견고한 신념과 가치관의 정립이 중요하다고 거듭 강조하는 것이다. 내가 청년들에게 스펙을 쌓는 공부 대신에 인생에 정말로 필요한 공부들을 하라고 지속적으로 권하는 이유도 이것 때문이다.

자존감에 관한 여러 심리학 서적들이 입을 모아 강조하는 것처럼 자존감의 기초 문제도 물론 중요하다. 즉 자존감의 기초가 튼튼하지 않다면, 그것을 복구하는 과정이 당연히 선행될 필요가 있을 것이다. 그런데 문제는 대부분의 심리학적 처방이 자존감의 기초를 복구하는 것에만 집중할 뿐 정작 자존감을 확립하거나 높이는 문제에 대해서는 거의 언급하지 않는 데 있다.

어린 시절 주양육자인 부모한테서 사랑과 존중을 받지 못하면, 자기개념이 왜곡되어 자신의 가치를 저평가하게 되며, 자기에 대한 감정이 악화된다. 따라서 심리 치료나 자기 분석[44] 등을 통해 자기개념을 올바로 수정하고 자기가치를 정당하게 재평가하며, 자신에 대한 악감정을 해소함으로써 자기를 수용하고 사랑하고 존중할 수 있는 사람이 되어야 한다.

정리하자면 '나는 인간이다'라는 사실만으로 사랑과 존중을 받을 자격이 있다는 점을 분명히 자각해야 한다는 것이다(원래 이것은 어린 시절 주양육자를 통해서 달성되어야 하는 과정이다). 자존감에 관한 기존의 책들이나 심리 치료를 통해서 가능한 것은 여기까지다. 즉 통상적으로 심리 치료가 할 수 있는 것은 자존감의 기초를 복원하는 데 국한된다는 말이다. 그러나 진짜 자존감의 확립과 향상을 위해서는 그 이상이 필요하다.

어떤 집단에 수용되고 사랑받는 것, 그리고 존중받는 것은 분명히 차원이 다른 문제이다. 사람은 사회가 자신을 받아들이고 사랑해준다는 사실을 확인하는 것만으로는 자존감을 확립할 수 없다. 자존감을 확립하려면 자신이 존중을 받아 마땅한 사회적 가치가 있는 존재임을 확신할 수 있어야 한다. 그러기 위해서는 특정한 사회적 능력도 획득할 필요가 있다. 이 모든 것은 사회와의 관계 속에서 이루어진다. 이런 점에서 나는 심리 치료가 부모와의 관계만이 아니라 사회 문제 그리고 신념과 가치관의 문제까지 반드시 다뤄야 한다고 생각한다.

어린 시절의 상처가 치유되면, 내담자는 눈물을 흘리며 "그동안 나를 지나치게 저평가하고 미워했어요. 오늘부터는 나를 거부하지 않고 사랑하고 존중하면서 살아갈래요"라고 말할지도 모른다. 물론 여기까지 도달하는 것도 대단히 중요하다. 그러나 상담실 문을 열고 현실로 돌아갔는데 주변은 아무 변화가 없다면 어떨까? 가족과 친척, 친구들은 여전히 그가 취직을 못 했다고 비난하고 아르바이트를 하면서도 사람들한테 계속해서 무시당한다면, 그의 결심은 변함없이 유지될 수 있을까?

진짜 자존감은
타인을 볼 줄
아는 것이다

올바른 신념과 가치관을 가지고 있다 하더라도, 사회적 압력을 견디내면서 자신의 것을 고수하기란 매우 어려운 일이다. 이럴 때 소속 집단이 결정적인 도움을 줄 수 있다. 자존감을 계속 지켜내고 높이려면 "더 이상 어두운 문화나 사람에게 매어 있어서는 안 된다"[45]는 말처럼 타인을 잘못된 기준으로 평가하는 사람들이나 문화는 최대한 멀리해야 한다. 동시에 자신의 존엄성을 지킬 수 있을 만한 사회적 상황에 머물러[46] 건전한 신념과 가치관을 가지고 있는 사람들을 최대한 가까이하고 건강한 집단에 소속되어야 한다.

내가 어떤 집단에 소속되어 있는가는 무척 중요하다. '미스 리틀 선샤인(Little Miss Sunshine)'이라는 영화가 있다. 남보다 통통한 일곱 살 소녀 올리브는 어린이 미인 대회에 나가기로 당차게 결심하고, 가족들은 올리브를 응원하기 위해 다 함께 대회가 열리는 캘리포니아로 떠난다. 그런데 막상 도착해보니 다른 참가자들이 만만치 않다. 어른처럼 화려하게 화장하고 머리를 부풀린 참가자들 사이에서 행여 올리브가 기죽을까 봐 걱정된 아빠는 딸에게 선발 공연에서 빠지라고 설득한다.

그러나 엄마는 올리브가 있는 모습 그대로 살도록 내버려두라며 반대한다. 마침내 올리브는 무대에 올라가 다소 충격적인(?) 춤을 춘다. 청중과 심사위원들은 올리브의 춤에 격분하며 엄마아빠에게 당장 아이를 끌어내리라고 요구하지만, 가족들은 도리어 무대로 다 같이 올라가 올리브와 함께 신나게 춤춘다. 청중과 심사위원들에게 혹평을 받은 올리브의 자존감은 어떨까? 항상 자신을 지지하고 응원해주는 가족들이 있는 한 이 아이의 자존감은 건강하지 않을까?

이 일화를 통해서 짐작할 수 있듯이, 어떤 경우에도 나를 수용해주며 사랑해주고 존중해주는 소속 집단의 존재는 잘못된 사회가 강요하는 스트레스를 치유해주고 올바른 신념과 가치관을 굳건히 고수하도록 돕는다. 즉 선한 이웃들과의 굳건한 연대나 건강한 소속 집단은 자존감의 수호자이자 중요한 원천인 것이다.

● 우리는 누구와 어떻게 연대할 수 있는가

내가 젊었던 시절인 80년대에는 학생 운동 조직이 나의 자존감을 지켜주는 역할을 했다. 당시는 군사 독재가 판을 치는 시절이었지만 청년들은 같이 모여 진리를 탐구하면서 올바른 세계관과 인생관을 확립해나갔고, 서로를 위로하고 격려하면서 잘못된 세상에 맞서 싸울 수 있는 용기를 북돋워주었다. TV에서는 연일 시위 학생들을 빨갱이나 폭도로 매도하고, 대부분의 세상 사람들이 그들을 손가락질하던 시절에도 나를 비롯한 청년들이 올바른 신념과 가치관을 지켜내면서 줄기차게 군사 독재에 맞서 싸울 수 있었던 것은 우리에게 소속 집단이 있었기 때문이다.

최근에 일부 청소년들은 획일적인 경쟁 교육에 반대하고 사회 개혁을 요구하기 위해서 SNS 등을 통해 활발히 소통하고 연대하며, 청소년들의 조직을 만들어 교육 개혁 활동 등을 전개하고 있다. 이들은 지난 촛불 항쟁 시기에 조직적으로 참여해 자기 목소리를 내기도 했다. 또한 이명박, 박근혜 정권을 거치면서 각종 민주 동문회 등이 복구되고 뿔뿔이 흩어져 있던 과거의 대학생들이 다시 뭉치고 있다.

현재 성인 후기 혹은 중년기의 나이인 이들은 대부분 신자유주의가 한국을 초토화한 이후에는 대학 시절에 품었던 아름다운 꿈을 포기하고 각자도생의 길을 걸어왔다. 그러나 그것이 얼마나 끔찍한 결과를 초래했는지를 세월호 참사 등을 통해 생생하게 체험하면서 다시금 연대의 깃발 아래 결집하고 있다.

놀이를 박탈당하고 사교육을 강요당하는 아이들을 구원하기 위해 엄마들도 힘을 합치고 있다. 아이들에게 놀 권리와 자유를 보장하기 위해 활동하는 엄마들의 다양한 모임들이 만들어지고, 학교 현장에서도 혁신 교육을 요구하는 학부모들의 연대 활동이 증가하고 있다. 이런 모든 건전한 사회 집단들은 한국인들의 자존감을 떠받쳐주는 데 중요한 역할을 할 수 있다.

자존감을 논하면서 선한 이웃과의 연대나 건강한 소속 집단의 필요성을 언급하는 것에 대해 일부 심리학자들은 거부감을 드러낼지도 모른다. 그들은 자존감은 기본적으로 타인의 도움을 필요로 하지 않는다고 말한다. 자존감은 오직 나에게 달려 있다는 것이다. 그러나 나는 그런 비현실적이고 비과학적인 주장에 동의할 수 없다. 자존감 확립에는 반드시 타인들이 필요하다. 단지, 무차별적인 다수의 타인들이 아니라 소수일지라도 건강한 타인들이 필요할 뿐이다. 자존감은 타인들과는 전혀 상관없이 나의 내면에서 조작되는 주관적 심리가 아니다. 객관적인 자기개념과 자기가치에 대한 정확한 평가를 위해서 타인의 존재는 필수적이다. 내가 나의 얼굴을 볼 수 없어서 거울을 필요로 하듯이 나에 대한 정확한 이해와 평가에는 타인이라는 거울이 반드시 필요한 것이다.

그러나 깨진 거울이나 일그러진 거울은 나를 비춰 보는 데 전혀 도움이 되지 않는다. 즉 나를 사회적 가치를 기준으로 평가해주지 않고 돈이나 외모 따위로 평가하는 불량 거울은 자존감에 도움이 되지 않는 것이다. 자존감 확립과 향상을 위해서 반드시 필요한 것은 건강한 타인들 혹은 사회 집단이다. 우리에게는 나를 인간으로서 사랑하고 존중해주며, 건강한 신념과 가치관을 나와 공유하고, 나를 객관적으로 평가해줄 수 있는 동료나 조직이 필요하다. 이런 조건들이 충족되어야 사람은 자신의 사회적 가치를 정확히 측정하고 그것을 더 높이기 위한 목표를 세울 수 있다. 또한 목표 달성에 필요한 능력을 습득하기 위해 노력하고 실천 속에서 성취를 경험함으로써 실질적으로 자존감을 높일 수 있다.

소속 집단 혹은 지지 집단은 자존감 확립만이 아니라 자존감의 기초를 복원하는 심리 치료 과정에서도 긍정적인 역할을 할 수 있다. 경험에 기초해 말하자면, 건강한 사회 집단에 소속되어 있는 조건에서 어린 시절의 상처를 치유하는 것이 최대의 치료 효과를 갖는다고까지 말할 수 있다.

과거로부터 물려받은 문제들에 대응하기 위해서는 사람들은 자신이 지금 여기서 존중받고 있음을 느낄 필요가 있다.[47]

사회적으로 고립된 조건에서 심리 치료를 받는 경우에도 자존감의 기초가 어느 정도는 회복될 수 있다. 그러나 치료 효과가 아주 더디게 나타나거나 일정한 한계를 넘어서지 못하는 경우가 많다.

자존감, 혼자보다 여럿이 지키면 더 단단해진다?

자존감 확립을 위해서는 무엇보다 부당한 가치 판단 기준을 강요하는 잘못된 신념과 가치관을 거부하고 올바른 신념과 가치관부터 확립해야 한다고 말했다. 그러나 그것만으로는 자존감을 계속 유지하거나 높여나가기 힘들다. 그렇다면 타인의 기준에 휘둘리지 않고 가치 평가를 내리기 위해서 나만의 올바른 신념과 가치관을 확립하는 것 외에 무엇이 더 필요할까?

초등학교 아이들을 타인으로부터 인정받는 경우(호감적 유형), 무시당하는 경우(내성적 유형), 거부당하는 경우(공격적 유형)의 세 가지 유형으로 분류하여 연구한 결과를 한번 살펴보자.[48] 각 유형의 아이들이 가지고 있는 특징은 다음과 같다.

- 호감적 유형(약 50퍼센트): 대체로 외향적이고, 솔직, 명랑하며 협동심이 강해 다른 아이들과 잘 어울려 지낸다. 대인 관계에 별다른 문제가 없고 다른 아이들로부터 좋은 평가를 받는 편이다. 부모의 도움이 별로 필요하지 않다. 성격도 외향적이고 학교생활이나 교우관계도 모범적인 학생이라고나 할까. 호감적 유형에 속하는 아이들의 자존감은 대체로 양호한 편이다.

- 내성적 유형(약 15~20퍼센트): 낯을 가리고 내성적이다. 걱정이 많고 불안해하며 종종 우울한 기색을 보인다. 대인 관계가 원만하지 않아서 친구들에게 인기가 없고 존재감 없이 고립되어 있다. 이 유형의 아이들은 일반적으로 자존감이 낮은 편이다.

- 공격적 유형(약 10~15퍼센트): 소위 문제아라고 할 수 있는 아이들이다. 이들은 으스대며 인내심이 부족하다. 당연히 평판이 나쁘고 사교술도 형편없다. 학교생활도 엉망이며 어른들에게는 반항적이라는 평가까지 받는다. 그런데 흥미로운 것은 이 유형의 아이들이 자신에게 친구가 있으며, 다른 아이들과도 잘 지낸다고 생각하고 있다는 사실이다. 자존감도 양호한 편이었다.

친구나 어른에게서 좋은 평가를 받지 못하는 공격적 유형의 아이들이 어떻게 심각한 자존감의 손상을 면할 수 있었을까? 가장 큰 원인은 이 유형의 아이들이 나름의 집단을 형성하여 학교생활을 하는 경향에서 찾아볼 수 있다. 지금과는 좀 다르겠지만, 내가 중고등학교를 다니던 무렵에도 소위 양아치라고 불리던 문제아들이 있었다. 이들은 하나같이 모자를 비딱하게 쓰고, 교복 재킷 단추를 풀어헤쳐 속옷을 드러냈으며, 구두 뒤축을 꺾어 슬리퍼처럼 신고 다녔다. 다른 사람들이 자신을 어떻게 보든 녀석들은 전혀 아랑곳하지 않았다. 남들의 평가는 상관없이 소신 있게 살았던 셈이다. 그것이 가능했던 이유는 이들이 무리를 지어 다니는 데 있었다. 이런 문제아들은 다수의 시선이나 평가가 아니라 자기가 소속된 집단을 훨씬 더 중요하게 생각했다.

지금 생각해보면, 녀석들은 이미 스스로 세상에서 버림받았다고 생각해 세간의 평가 따위는 신경 쓰지 않고 무리의 구성원들끼리 지지했던 것이 아닌가 싶다. 물론 위 실험에서 공격적 유형의 아이들이나 과거 문제아들의 자존감은 진짜 자존감이 아닐 가능성이 높고, 그들이 어른이 되고 난 후에도 계속 무리 생활을 한들 그것이 유지될 가능성은 없다. 다만 여기에서 주목해야 하는 것은 타인의 시선 혹은 사회적 압력에 맞서는 데 소속 집단(개인이 소속감을 느끼는 사회 집단)이 대단히 중요하다는 사실이다.

일반적으로 소속 집단이 없는 사람은 주류나 다수의 신념과 가치관을 그대로 받아들이는 편이다. 그러나 소속 집단이 있는 사람은 사회적 압력에도 불구하고 집단의 신념과 가치관을 고수할 수 있다. 따라서 중요한 것은 올바른 신념과 가치관을 확립하는 것에서 그치지 않고 그것을 공유하는 사회 집단에 소속되어 '동지(뜻을 같이하는 사람)'들과 함께 살아가는 것이다. 건강한 집단에 속한 사람은 잘못된 주류적 신념과 가치관에 지속적으로 맞서 싸우면서 사람을 정당한 기준으로 평가할 수 있고 자존감을 계속 유지, 발전시킬 수 있다.

가짜 자존감에서
벗어나려면
직접 행동하라

미국에서는 이미 1980년대부터 자존감 열풍이 온 사회를 휩쓸었다. 그것이 어느 정도였는지는, 당시 캘리포니아 주가 '자존감 향상을 위한 캘리포니아 주 특별 대책 본부'를 만들어 주 정부 차원에서 자존감 향상 프로그램을 실시했던 사례만 보더라도 알 수 있다. 이 대책 본부는 캘리포니아 주민들의 자존감을 향상시키기 위해서 3년이라는 시간과 73만 5000달러라는 막대한 예산을 투자했다.[49]

그래서 캘리포니아 주민들의 자존감이 높아졌을까? 그런 결과를 보여주는 증거는 전혀 없다. 1980년대 이후부터 미국의 각 학교들에서는 '자존감 향상을 위한 모임'들이 만들어졌고 자존감 향상을 위한 집단 프로그램이 도입되었다. 이런 모임이나 집단 프로그램이 아이들의 자존감을 높여주었을까? 안타깝게도 별 효과가 없었다.[50] 거창한 자존감 열풍이 초라한 결과만을 낳아서였겠지만, 심리학자 윌

리엄 데이먼(William Damon)은 "현실 세계를 무시한 전형적인 자존감 프로그램이 제공하는 것은 '신기루'에 불과하여 아이들이 이를 통해 찾을 수 있는 것은 아무것도 없다"[51]고 혹평하기도 했다.

미국의 경우 일찍이 1980년대부터 자존감 운동이 전개되어 자존감의 중요성이 대중적으로 널리 알려졌고, 자존감을 향상시키는 프로그램이 폭넓게 도입되었으며, 자존감을 중시하는 심리 치료도 꾸준히 실시되었다. 이쯤 되면 오늘날 미국인들의 자존감이 한참은 높아졌어야 할 것 같은데, 트럼프를 대통령으로 뽑은 것이나 빈번한 총기 사고만 보더라도 그들의 자존감이 별로 높아진 것 같지는 않다.

나는 어린 시절의 상처를 치유하는 것의 중요성을 부정하지는 않지만, 그것만으로는 절대로 자존감 문제를 해결할 수 없다고 생각한다. 자존감은 사회, 현실과 불가분의 관계로 연결되어 있다. 따라서 주관적 내면세계를 조작하거나 어루만지는 것만으로는 절대로 자존감이 높아지지 않는다.

인간을 공정한 기준으로 평가하는 정의로운 사회가 전제되어 있지 않다면 자존감도 없다. 병든 한국 사회가 급진적인 변혁을 이루지 못하는 이상, 낮은 자존감으로 인한 한국인들의 고통은 거의 줄어들지 않을 것이다. 한국에서도 과거의 미국처럼 자존감에 대한 관심이 고조되고 있지만, 자존감을 높이는 문제를 사회 변혁과 연결시켜 이해하고 추진하지 못한다면 결국 지금의 미국 같은 꼴이 될지도 모른다. 독재자 박근혜를 끌어내린 촛불 항쟁만 보더라도, 아직까지는 한국인들의 자존감이 미국인들보다는 낮다고 평할 수 있다. 그러나 자존감 문제를 해결하려는 한국인들의 노력이 사회 변혁을 위한 실천과 일치되지 못한다면 아무 소용없다. 오히려 자존감에 대한 높은 관심이 자존감을 더 떨어뜨리는 결과로 이어질 뿐만 아니라 사회 변혁을 위한 실천을 방해할 수도 있다는 것을 명심해야 한다.

● 문제를 마주하는 용기를 내는 법

한국인들의 자존감을 무참히 파괴하고 불행한 삶으로 떠밀고 있는 근본적인 원인은 병든 사회에 있다. 따라서 사람을 정당한 기준으로 평가하지 못하도록 강요하며 자존감 문제 해결을 근본적으로 차단하는 한국 사회를 변혁하려는 노력이 우선되어야 한다. 올바른 신념과 가치관을 확립하고 그것을 공유하는 집단에 소속되었다 하더라도 세상을 바꾸기 위해서 아무런 행동이나 실천을 하지 않는다면, 결과적으로 자존감의 손상을 피할 수 없다. 이를테면 누군가 나에게 계속 폭력을 휘둘러 자존감이 손상되고 있는데, 그에게 저항하지 않고 계속 학대당하는 상태에서 마음 수양을 한들 자존감이 회복될 리 없지 않은가.

미국 드라마 시리즈 '워킹데드(The Walking Dead)'에는 아버지에게 학대당하는 두 형제가 나온다. 어느 날 형은 홀로 가출해서 아버지에게서 벗어난다. 그러나 그는 계속 자기를 혐오한다. 동생을 집에 남

겨두고 혼자만 도망쳐 나온 스스로를 용서할 수도, 사랑할 수도 없기 때문이다. 적진에서 위험에 빠진 전우들을 놔두고 자기 혼자 도망쳐 나온 병사는 스스로를 사랑하고 존중할 수 있을까? 이 일이 있기 전에는 그의 자존감이 높았다 하더라도, 그의 자기개념과 자기가치에 대한 평가가 온전하게 유지되는 것은 불가능하다.

고대 로마 제국에서 검투 노예였던 스파르타쿠스가 반란을 일으켰을 때, 그의 동료들은 로마 제국의 통치가 미치지 않는 먼 곳으로 도망가서 자유롭게 살자고 권유했다. 스파르타쿠스는 충분히 그렇게 할 수도 있었다. 그러나 그는 동료들의 제안을 거절하고 노예 해방을 위해 싸우다가 전사하는 길을 선택했다. 그는 알고 있었던 것이다. 불의한 세상에서 도망치면, 누구보다 자신이 자신을 미워하게 되리라는 것을.

잘못을 보고도 외면하거나 아무 실천도 하지 않으면 자기개념은 악화되기 마련이다. 예를 들면 '나는 비겁한 사람이야', '나는 현실도 피자야'라는 자기개념이 만들어질 수 있다. 또한 불의를 보고 아무것도 실천하지 않으면 자신의 가치를 높이 평가할 수가 없다. 병적인 사회, 불의한 사회만큼 인간의 존엄성을 심각하게 유린하는 것은 없다. 따라서 나 하나만이 아니라 전체 공동체에 위해를 가하고 있는 사회악을 타파하거나 개혁하기 위한 실천은 최상의 사회적 가치를 가진다. 일제 강점기에는 독립을 쟁취하기 위한 실천이 최상의 가치를 지니고 있었듯이, 오늘날에는 병든 한국 사회를 개혁하기 위한 실천이 최상의 가치를 지니고 있다. 따라서 이런 실천에서 발을 빼는 것은 필연적으로 자신의 가치를 낮게 평가하도록 만든다.

인간답게 살기 위한 실천, 인간을 존중하지 않는 세상을 변혁하기 위한 실천을 방기함으로써 자기개념이 악화되고 자기가치를 낮게 평가하게 되면 자기감정도 악화된다. 그 결과, 정의의 전장에서 도망친 전사의 자존감이 전장에 복귀하지 않는 한 끝없이 추락하듯이, 사회 변혁을 위한 실천을 외면한 채 살아가는 사람의 자존감 역시 하루가 다르게 추락한다.

꾸준한 실천은 그 자체로 자존감을 강화하는 효과가 있다. 아령을 100번씩 드는 운동을 매일 하기로 결심하고 나서 하루도 빼지 않고 일 년 동안 했다고 가정해보자. 운동을 하는 과정에서도 그랬겠지만, 일 년이 된 시점에서 자기를 돌아보면 참으로 자랑스럽게 여겨질 것이다. 이것은 주관적인 평가가 아니라 객관적인 평가이다. 하루도 빠짐없이 꾸준히 운동을 했다는 사실이나 팔에 올라온 근육 등 객관적 근거에 기초해서 자신을 자랑스럽게 평가하는 것이기 때문이다. 즉, 꾸준한 행동만으로도 자기개념이 일부 긍정적으로 수정될 수 있다. '나는 한다면 하는 사람이야', '나는 끈기가 있는 사람이야' 등으로.

"한국 사회에서 자존감을 지키고 싶다면, 싸워야 한다!"

어떤 이들은 자존감을 높이고 싶다면 반드시 사회 변혁을 위한 실천을 해야 한다는 말에 대해 반감을 품을지도 모른다. 다른 심리학자들은 그렇게 말하지 않던데, 왜 당신만 그런 말을 하느냐고 따질지도 모른다. 물론 나도 다른 심리학자들처럼 열심히 심리 치료를 하고 마음 수양을 하면 자존감 문제를 해결할 수 있다는 낙관론을 설파할 수 있다. 사람들에게 크게 부담을 줄 수 있는 말은 가능한 한 하지 말고, 듣기 좋은 위로의 말을 많이 해야 책이 잘 팔린다는 것도 알고 있다. 하지만 나는 거짓말과는 타협할 수 없다. 그렇게 하면 무엇보다 내 자존감부터 손상될 것임을 너무나 잘 알고 있기 때문이다.

진정한 행복은 건강한 관계에서 비롯된다

사람들은 종종 나에게 왜 한국인들이 심리학에 그렇게 큰 관심을 보이는지 묻곤 한다. 그때마다 약간은 농담조로 "다들 살기 힘들어서 그렇겠지요"라고 대답하곤 했다. 나는 여전히 한국인들이 심리학에 뜨거운 관심을 보이는 가장 큰 이유 중의 하나가 일상적으로 경험하는 정신적 고통 때문이라고 생각한다.

한국인들은 과거보다 훨씬 더 부유해졌지만, 정신적으로는 더 큰 고통을 경험하고 있다. 굶주림에 시달렸던 과거의 한국인들은 물질적으로 풍요로워지면 행복해질 것이라고 굳게 믿었다. 그러나 한국인들은 과거에 비해 행복해지지 않았다. 아니, 오히려 더 불행해졌다. 사실 한국인들이 불행해진 것은 돈이 곧 행복, 물질적 소유가 곧 행복이라는 잘못된 가치관과 행복관에서 비롯된 바가 크다. 따라서 한국인들이 정신적 고통에서 벗어나고 행복해지려면 진정한 행복은 무엇보다 '건강한 관계'에서 비롯된다는 것을 자각해야 한다.

하버드대학교에서는 성인 724명의 삶을 79년간 추적하는 심리학 역사상 최고의 종단 연구를 진행하고 있다. 이를 다룬 신문 기사를 소개하면 다음과 같다.

　　원만하고 깊이 있는 인간관계는 육체적·감정적 건강 증진은 물론 정신적 능력까지 향상시킨다는 연구 결과가 나왔다. 주위의 사람들에 대한 애정과 이해, 조화를 이루려는 노력이 행복하고 성공적인 삶의 핵심요인이라는 지적이다. 연구는 최고 명문대학인 미국의 하버드대에서 무려 79년에 걸쳐 이뤄졌으며 계속 진행될 계획이다. (…)

　　연구 책임자인 로버트 월딩거(정신과 의사) 박사는 "우리 연구는 가족, 친구 그리고 공동체와의 관계를 중시하는 사람들이 좀 더 행복하고 성공적인 삶을 영위한다는 것을 보여주고 있다"고 밝혔다. (…) 연구팀은 장기간의 광범위한 조사를 통해 세 가지 결론을 도출했다.

　　먼저, 삶을 가장 좋게 만드는 것은 인간관계이고, 사람들을 죽음에 이르게 하는 것은 외로움이라는 것이다. 월딩거 박사는 "가족, 친구 그리고 공동체와 많은 접촉면을 가진 사람들이 보다 행복하게 지내는 것으로 나타났다"며 "그들은 육체적으로 더욱 건강했으며 인간관계가 적은 사람들보다 오래 살았다"고 말했다. 반면 외로움은 '삶의 독(毒)'이다. 월딩거 박사는 "조직 생활이나 결혼 생활 속에서도 외로움을 경험할 수 있다"고 설명했다.

　　두 번째는 인간관계의 양보다 질이다. 월딩거 박사는 "친구의 숫자가 아니라 친밀도가 중요하다"고 밝혔다. 그는 "사람들과 갈등 관계 속에서 생활하는 것은 건강에 정말 좋지 않다"며 "예를 들어 다툼이 심한 부부는 이혼자보다도 건강이 좋지 않은 경우가 있었다"고 말했다.

세 번째, 좋은 인간관계는 기억력까지 증진시키는 것으로 나타났다. 자신이 의지할 파트너가 있다고 느끼는 사람들은 실제로 정확하고 뛰어난 기억 능력을 갖고 있었다. 그렇지 않은 사람들은 조기 기억력 감퇴를 경험하는 사례가 많은 것으로 조사됐다.[52]

위의 연구를 포함하는 많은 심리학 연구들은 인간이 행복해지려면 그 무엇보다 관계의 문제가 해결되어야 함을 보여주고 있다. 그럼에도 불구하고 상당수의 한국인들은 여전히 관계의 문제를 해결하기 위한 근본적인 사회 변혁보다는 각자가 돈을 더 벌어서 행복해지려는 어리석은 행동에서 벗어나지 못하고 있다. 관계를 통해 함께 변화하고자 노력하지 않는 한 한국인들은 만성적인 마음의 고통에서 해방될 수 없다.

* * *

대부분의 한국인들은 여전히 돈과 성공을 원하고 사회 변혁과는 거리를 두고 싶어 한다. 그러나 그로 인한 심리적 고통은 정말로 견디기가 어렵다. 결국 고심 끝에 사람들이 찾는 것이 바로 마음 치료다. 사람들은 근본적인 처방은 외면한 채, 심리학이나 명상 등으로 마음을 치유하려 하고 있으며 이런 한국인들의 욕망을 반영해 힐링 산업이 나날이 부흥하고 있다.

하지만 지금까지 이야기했던 것처럼 나 혼자만의 자존감을 회복하는 것으로 모든 문제가 해결되지는 않는다. 부모와 자녀가, 선생과 학생이, 남성과 여성이, 노인과 청년 세대가 서로를 존중하는 순간부터 모두의 자존감이 건강해지기 위한 환경이 마련된다. 혼자서 자기 수련을 열심히 해봤자 나와 타인을 올바른 기준으로 평가하고 타인과의 건강한 관계를 회복하며, 세상을 바꾸기 위한 연대와 실천이 함께하지 않으면 아무 소용없다. 오히려 거듭 이야기했듯 개인의 자존감만 더 상처받는 악순환이 벌어질 수도 있다.

90년대 이후부터 한국인들은 어떤 마음 치료에 효과가 있다는 소문이 돌면 그쪽으로 우르르 몰려갔다가 실망하여 떠나기를 반복하고 있다. 이 과정이 계속되면서 최근 자존감이 하나의 화두로 떠오르게 되었다. 그러나 자존감에 이른바 상품성이 있다는 사실이 증명되면서 한국에서는 자존감과 관련된 정제되지 않은, 과장된 논의들이 걱정스러울 정도로 범람하는 추세다.

나는 이런 현상을 지켜보면서, 자존감에 대한 정확한 정리가 필요하며 자존감 운동이 갖는 의의와 한계를 분명하게 밝혀야 한다는 일종의 의무감을 느꼈다. 이 책이 한국인들에게 진정으로 자존감을 회복하고 높일 수 있는 길, 나아가 심리적 고통에서 해방되려면 무엇을 해야 하는지를 보여줄 수 있기를 간절히 바란다.

참고문헌

- 《나를 사랑하게 하는 자존감》, 이무석 저, 비전과 리더십, 2009
- 《사랑의 기술》, 에리히 프롬 저, 황문수 역, 문예출판사, 2005
- 《아이의 자존감 혁명》, 토머스 W. 펠런 저, 문세원 역, 국민출판사, 2012
- 《우리 아이 자존감의 비밀》, 조세핀 킴 저, BBbooks, 2011
- 《자유로부터의 도피》, 에리히 프롬 저, 원창화 역, 홍신문화사, 2006
- 《자존감》, 알리스터 & 조애나 맥그래스 저, 윤종석 역, IVP, 2003
- 《자존감 심리학》, 토니 험프리스 저, 이한기 역, 다산초당, 2017
- 《자존감의 여섯 기둥》, 너새니얼 브랜든 저, 김세진 역, 교양인, 2015
- 《자존감 읽기》, 김병오 저, 학지사, 2013
- 《한의학과 심리학의 만남》, 김태형 & 양웅모 저, 세창출판사, 2014

Note

1) 브랜든, 너새니얼 저/김세진 역, 《자존감의 여섯 기둥》, 2015, 교양인, 28쪽

2) 브랜든, 너새니얼 저/김세진 역, 《자존감의 여섯 기둥》, 2015, 교양인, 454쪽

3) 펠런, 토머스 W. 저/ 문세원 역, 《아이의 자존감 혁명》, 2012, 국민출판, 217쪽

4) 〈서울신문〉, 2017년 9월 20일

5) 킴, 조세핀 저, 《우리 아이 자존감의 비밀》, 2011, BBbooks, 53쪽

6) 이무석 저, 《나를 사랑하게 하는 자존감》, 2009, 비전과 리더십, 229쪽

7) 펠런, 토머스 W. 저/ 문세원 역, 《아이의 자존감 혁명》, 2012, 국민출판, 64쪽

8) 브랜든, 너새니얼 저/김세진 역, 《자존감의 여섯 기둥》, 2015, 교양인, 75쪽

9) 김병오 저, 《자존감 읽기》, 2013, 학지사, 64쪽

10) 김병오 저, 《자존감 읽기》, 2013, 학지사, 22/23쪽

11) 맥그래스, 알리스터 & 조애나 저/윤종석 역, 《자존감》, 2003, IVP, 44쪽

12) 맥그래스, 알리스터 & 조애나 저/윤종석 역, 《자존감》, 2003, IVP, 126쪽

13) 브랜든, 너새니얼 저/김세진 역, 《자존감의 여섯 기둥》, 2015, 교양인, 295쪽

14) 브랜든, 너새니얼 저/김세진 역, 《자존감의 여섯 기둥》, 2015, 교양인, 99쪽

15) 김병오 저, 《자존감 읽기》, 2013, 학지사, 35쪽

16) 김병오 저, 《자존감 읽기》, 2013, 학지사, 38쪽

17) 권위주의적 성격에 관해서는 《싸우는 심리학》(김태형, 2014)을 참고하라.

18) 맥그래스, 알리스터 & 조애나 저/윤종석 역, 《자존감》, 2003, IVP, 18쪽

19) 브랜든, 너새니얼 저/김세진 역, 《자존감의 여섯 기둥》, 2015, 61쪽

20) 킴, 조세핀 저, 《우리 아이 자존감의 비밀》, 2011, BBbooks, 29쪽

21) 브랜든, 너새니얼 저/김세진 역, 《자존감의 여섯 기둥》, 2015, 69쪽

22) 브랜든, 너새니얼 저/김세진 역, 《자존감의 여섯 기둥》, 2015, 116쪽

23) 김병오 저, 《자존감 읽기》, 2013, 학지사, 78쪽

24) 김병오 저, 《자존감 읽기》, 2013, 학지사, 135쪽

25) 이무석 저, 《나를 사랑하게 하는 자존감》, 2009, 비전과 리더십, 223쪽

26) 브랜든, 너새니얼 저/김세진 역, 《자존감의 여섯 기둥》, 2015, 교양인, 93쪽

27) 네이버 지식백과, '카페인 우울증', 시사상식사전, 박문각

28) 브랜든, 너새니얼 저/김세진 역, 《자존감의 여섯 기둥》, 2015, 교양인, 30쪽

29) 이 영화에 대한 심리분석에 관심이 있는 독자들은 《감정의 안쪽》(김태형, 2012)을 참고하라.

30) 사회적 성격 중의 하나인 대세추종적 성격에 관해서는 《싸우는 심리학》 (김태형, 2014)을 참고하라.

31) 김태형 저, 《사이코패스와 나르시시스트》, 2009, 세창출판사

32) 브랜든, 너새니얼 저/김세진 역, 《자존감의 여섯 기둥》, 2015, 교양인, 163쪽

33) 이 주제에 관심이 있는 독자들은 《새로 쓴 심리학》(김태형, 2009)의 '감정' 편을 참고하라.

34) 맥그래스, 알리스터 & 조애나 저/윤종석 역, 《자존감》, 2003, IVP, 21쪽

35) 인간 본성에 관한 논의에 관심이 있는 독자들은 《싸우는 심리학》(김태형, 2014)을 참고하라.

36) 브랜든, 너새니얼 저/김세진 역, 《자존감의 여섯 기둥》, 2015, 교양인, 25쪽

37) 브랜든, 너새니얼 저/김세진 역, 《자존감의 여섯 기둥》, 2015, 교양인, 머리말 중에서

38) 이 주제에 대해서는 《싸우는 심리학》(김태형, 2014)을 참고하라.

39) 김병오 저, 《자존감 읽기》, 2013, 학지사, 87쪽

40) 펠런, 토머스 W. 저/ 문세원 역, 《아이의 자존감 혁명》, 2012, 국민출판, 36쪽

41) 이무석 저, 《나를 사랑하게 하는 자존감》, 2009, 비전과 리더십, 70쪽

42) 프롬, 에리히 저/황문수 역, 1956, 《사랑의 기술》, 문예출판사, 2005, 86쪽

43) 프롬, 에리히 저/ 원창화 역, 1941, 《자유로부터의 도피》, 홍신문화사, 2010, 101쪽

44) 이 주제에 관심이 있는 독자들은 《누구에게나 어린 시절의 상처가 있다》 (김태형, 2013)를 참고하라.

45) 험프리스, 토니 저/이한기 역, 《자존감 심리학》, 2017, 다산초당, 199쪽

46) 험프리스, 토니 저/이한기 역, 《자존감 심리학》, 2017, 다산초당, 201쪽

47) 맥그래스, 알리스터 & 조애나/윤종석 역, 《자존감》, 2003, IVP, 190쪽

48) 펠런, 토머스 W. 저/ 문세원 역, 《아이의 자존감 혁명》, 2012, 국민출판, 147쪽

49) 펠런, 토머스 W. 저/ 문세원 역, 《아이의 자존감 혁명》, 2012, 국민출판, 51/52쪽

50) 펠런, 토머스 W. 저/ 문세원 역, 《아이의 자존감 혁명》, 2012, 국민출판, 47쪽

51) 펠런, 토머스 W. 저/ 문세원 역, 《아이의 자존감 혁명》, 2012, 국민출판, 156쪽

52) 〈문화일보〉, 2017년 11월 1일

가짜 자존감 권하는 사회

초판 1쇄 발행 2018년 1월 8일
초판 11쇄 발행 2022년 11월 1일

지은이 • 김태형

펴낸이 • 박선경
기획/편집 • 이유나, 강민형, 오정빈, 지혜빈
홍보/마케팅 • 박언경, 황예린
디자인 제작 • 디자인원(031-941-0991)

펴낸곳 • 도서출판 갈매나무
출판등록 • 2006년 7월 27일 제395-2006-000092호
주소 • 경기도 고양시 일산동구 호수로 358-39 (백석동, 동문타워 I) 808호
전화 • 031)967-5596
팩스 • 031)967-5597
블로그 • blog.naver.com/kevinmanse
이메일 • kevinmanse@naver.com
페이스북 • www.facebook.com/galmaenamu

ISBN 978-89-93635-87-4/ 03300
값 14,000원